westermann

EinFach Deutsch

Heinrich von Kleist

Der zerbrochne Krug

... verstehen

Erarbeitet von
Jürgen Möller

Herausgegeben von
Johannes Diekhans
Michael Völkl

Bildnachweis:

|akg-images GmbH, Berlin: 115.1, 118.1; bilwissedition 116.1; Nimatallah 104.1. |Alamy Stock Photo, Abingdon/Oxfordshire: GL Archive 103.1; Horree, Peter 47.1; Juergen Henkelmann Photography 122.2; public domain sourced / access rights from The History Collection 105.1. |Alamy Stock Photo (RMB), Abingdon/Oxfordshire: Ian Dagnall Commercial Collection 106.1; Penta Springs Limited 112.1; public domain sourced/access rights from Historic Images 14.1. |bpk-Bildagentur, Berlin: Staatsbibliothek zu Berlin 121.1. |iStockphoto.com, Calgary: 12.1. |Kassing, Reinhild, Kassel: 24.1, 33.1, 51.1, 86.1, 91.1. |Picture-Alliance GmbH, Frankfurt a.M.: akg-images 122.1. |Staatsbibliothek zu Berlin, Berlin: URL: http://resolver.staatsbibliothek-berlin.de/SBB0002A27700000000 (Public Domain Mark 1.0) 117.1. |Zentral- und Landesbibliothek, Berlin: Quelle: Historische Sammlungen der Zentral- und Landesbibliothek Berlin, Sign. XIV 16975 – 4.1784 101.1.

Georg-Westermann-Allee 66, 38104 Braunschweig
service@westermann.de, www.westermann.de

Druck A² / Jahr 2025
Alle Drucke der Serie A sind im Unterricht parallel verwendbar.

Umschlag: Shutterstock.com/Shalam, Anna
Druck und Bindung: Westermann Druck GmbH, Georg-Westermann-Allee 66, 38104 Braunschweig

ISBN 978-3-14-**108163**-3

Inhaltsverzeichnis

An die Leserin und den Leser

„*Ich kann Recht so* jetzt, jetzo *so erteilen.*“ (V. 635)[1]

Liebe Leserin, lieber Leser,

ein etwas schmuddeliger alter Mann, der versucht, ein junges Mädchen sexuell zu erpressen, und anschließend sein Amt dazu missbraucht, seine Tat zu verschleiern. Ein hilfesuchendes Opfer, das aus Angst um seinen Verlobten schweigt und dem niemand glaubt. Eine Verwandtschaft, die sich vor Gericht vor allem anschreit, wobei niemand dem anderen zuhört. Und all das unter den Augen einer Obrigkeit, die dem Geschehen fassungslos und scheinbar untätig gegenübersteht. Und das soll lustig sein?
Tatsächlich ist es das, trotz der ernsten Thematik: Die Art und Weise, wie sich Richter Adam mit verbaler Schlagfertigkeit und immer aberwitzigeren Lügen und Verdrehungen aus der Affäre zu ziehen versucht, die Blindheit seiner Umgebung, die das Offensichtliche nicht sehen will und schließlich sogar den Teufel als vermeintlichen Täter für wahrscheinlich hält, sowie zahlreiche Wortspiele und Anspielungen sorgen für einen anhaltenden Erfolg des Stücks auf der Bühne, das zu den meistgespielten deutschsprachigen Komödien gehört.
Dennoch ist der ernste Hintergrund entscheidend für die Intention des Dramas. Die von Richter Adam vermutlich oder tatsächlich begangenen Straftaten würden im realen Leben ausreichen, um nicht nur einen, sondern viele Prozesse gegen ihn zu rechtfertigen: Sexuelle Nötigung, Urkundenfälschung, Vorteilsnahme im Amt, Versuch der Bestechung anderer Amtspersonen, mögliche Unterschla-

1 Sämtliche Stellenangaben beziehen sich auf die im Literaturverzeichnis aufgeführte Textausgabe des Westermann Verlags (Neubearbeitung 2023).

gung von Geldern sowie zahlreiche Verletzungen seiner dienstlichen Pflichten als Richter gehören dazu. Das Stück setzt sich also sehr kritisch mit dem Zustand der Justiz zu Beginn des 19. Jahrhunderts auseinander. Kleist versteckt diese Kritik, indem er die Handlung einfach in die Niederlande des 17. Jahrhunderts verlegt. Viele der behandelten Missstände dürften den Zuschauerinnen und Zuschauern aber sehr bekannt vorgekommen sein. Zugleich ist das an vielen Stellen des Stücks erkennbare Misstrauen gegenüber staatlichen Stellen etwas, das auch uns heute betrifft: Wie darf bzw. sollte der Staat sich gegenüber seinen Bürgern/Bürgerinnen verhalten und wie viel Vertrauen sollten bzw. müssen die Bürger/-innen ihm gegenüber aufbringen? Was ist überhaupt die Wahrheit und wie kann ich sie erkennen? Dies sind Fragen, die uns ebenso und vielleicht sogar noch mehr betreffen als die Zeitgenossen Kleists.

Gleiches gilt für das Verhalten der Figuren untereinander: Welche Rolle spielt Vertrauen in einer Liebesbeziehung? Wie geht man in einer Konfliktsituation miteinander um? Wie kommuniziert man „richtig“? Das Drama beantwortet diese Fragen nicht, doch liefert es viele Denkanstöße.

Schließlich ist da noch der „Protagonist“: Keines der oben aufgezählten Vergehen ist Gegenstand des Gerichtsverfahrens, das im Zentrum dieses Lustspiels steht. Verhandelt wird stattdessen ein Fall von Sachbeschädigung in Form des titelgebenden zerbrochenen Kruges. Dieser hat ganz offensichtlich eine symbolische Bedeutung, die sich beim Lesen erst nach und nach erschließt.

Der vorliegende Band aus der Reihe „Einfach Deutsch ... verstehen“ möchte Ihnen bei der Klärung solcher Verständnisprobleme helfen und damit zu einem tieferen Verständnis des Lustspiels „Der zerbrochne Krug“ verhelfen, um Ihnen die Vorbereitung auf bevorstehende Prüfungen zu erleichtern.

Viele interessante Denkanstöße, vertiefende Ein- und Ausblicke bei der Beschäftigung mit den oben genannten Fragen und nicht zuletzt auch Freude bei der Lektüre wünscht Ihnen

Jürgen Möller

Der Inhalt im Überblick

Das Drama spielt im 17. Jahrhundert in einem fiktiven Dorf namens Huisum in der Nähe von Utrecht in den Niederlanden. Zu Beginn des ersten Auftritts sitzt Dorfrichter Adam in der Gerichtsstube, die zugleich seine Wohnstube ist, und verbindet sein verletztes Bein, als Gerichtsschreiber Licht erscheint. Dieser ist verwundert über die Verletzungen, denn Adam ist auch im Gesicht zerschunden. Licht berichtet anschließend von einer unmittelbar bevorstehenden überraschenden Revision[1] durch den Gerichtsrat. Adam erkennt schnell den Ernst der Lage und versucht, Lichts Unterstützung zu gewinnen und etwas Ordnung in der Registratur[2] zu schaffen, in der chaotische Zustände herrschen.
Anschließend erscheint ein Bediensteter und verkündet die unmittelbar bevorstehende Ankunft des Gerichtsrats Walter. Adam gerät in große Aufregung und will sich rasch in seine Amtstracht werfen. Die dazugehörige Perücke bleibt jedoch unauffindbar. Der nun eintreffende Gerichtsrat wird von Adam mit übertriebener Höflichkeit begrüßt. Walter erklärt sein Anliegen, das zum einen in der Sichtung des Zustands der Rechtspflege und zum anderen in einer Prüfung der Kassen besteht. Es deuten sich Unregelmäßigkeiten in der Kassenführung an, denen jedoch zunächst nicht weiter nachgegangen wird, da Walter dem Gerichtstag beiwohnen will. Der Gerichtsrat reagiert verärgert, als er erfährt, dass Adam den anstehenden Gerichtstag ohne Perücke abhalten muss.
Heftig streitend betreten anschließend die Parteien den Gerichtsraum. Frau Marthe Rull beschuldigt Ruprecht Tümpel, den sie am Vorabend im Zimmer ihrer Tochter angetroffen hat, einen wertvollen Krug zertrümmert zu haben.

---

[1] Revision: hier: Überprüfung

[2] Registratur: Aufbewahrungsort von Schriftstücken

Der Vater des Beschuldigten, Veit Tümpel, ist zum Schadenersatz bereit, wenn sein Sohn sich als der Täter erweisen sollte. Ruprecht streitet dies jedoch ab und behauptet, ein anderer Mann sei bei Eve im Zimmer gewesen. Er möchte deshalb die Verlobung mit Marthes Tochter Eve lösen. Adam gerät beim Anblick der streitenden Parteien fast in Panik, denn er befürchtet, dass die Wahrheit ans Licht kommen könnte, dass nämlich er selbst bei Eve im Zimmer war. Er ist jedoch beruhigt, als er von Eve erfährt, dass es in dem Prozess nur um den Krug gehen soll. Zugleich bedroht er sie in einem Gespräch unter vier Augen, dass sie ihn keinesfalls verraten solle.
Adams Prozessführung zielt in der Folge darauf ab, möglichst schnell Ruprecht als Täter zu verurteilen. Er lässt Frau Marthe Rull weitschweifig zu Wort kommen, schneidet jedoch dem Beklagten das Wort ab. Walter schöpft bereits hier Verdacht, dass Adam etwas zu verbergen haben könnte, und setzt durch, dass auch Ruprecht seine Aussage machen kann. Dieser beharrt darauf, dass ein fremder Mann im Zimmer gewesen sei, und vermutet seinen Rivalen Lebrecht als Täter. Er selbst habe Eves verschlossene Tür aufgebrochen und einen Mann gesehen, der gerade aus dem Fenster fliehen wollte, woraufhin er diesem mit der abgerissenen Türklinke mehrere Schläge auf den Kopf versetzt habe. An einer weiteren Verfolgung sei er aber gehindert worden, da der Flüchtende ihm eine Handvoll Sand in die Augen geschleudert habe.
Auch Eves Aussage bringt keine Klärung des Vorfalls, sondern sorgt für zusätzliche Verwirrung, da sie einerseits Ruprecht entlastet, sich aber andererseits weigert zu sagen, wer der andere Mann gewesen ist. Frau Marthe schlägt daraufhin vor, durch die Aussage einer weiteren Zeugin, nämlich Frau Brigitte, einer Nachbarin Marthes und Tante Ruprechts, die Täterschaft Ruprechts zu beweisen. Diese soll daraufhin kurzfristig vorgeladen werden.

Die dadurch entstehende Prozesspause nutzt Adam, um Walter mit einem üppigen Frühstück inklusive mehreren Gläsern guten Weins zu besänftigen. Walter zieht weitere Erkundigungen ein, durch die sich einerseits sein bestehender Verdacht zunächst erhärtet. Andererseits reagiert er verwirrt, als er erfährt, dass Adam nur selten den Kontakt zu den Rulls gesucht hat und auch andere kuriose Geschichten des Richters sich bewahrheiten.

Frau Brigitte erscheint mit einer Perücke in der Hand, die sie im Spalier[1] bei den Rulls gefunden hat. Ihre Aussage sorgt für neue Verwirrung, da sie von einer nächtlichen Begegnung mit dem Teufel berichtet, den sie an seinem Gestank sowie seinem Klumpfuß erkannt zu haben glaubt. Allmählich wird aber allen Anwesenden klar, dass Adam der Täter gewesen sein muss, da dieser einen missgestalteten Fuß hat und die gefundene Perücke ihm exakt passt. Als Adam daraufhin trotzdem Ruprecht als Täter verurteilt, bricht Eve ihr Schweigen und nennt Adam als Täter. Dieser flieht und entkommt nur knapp dem aufgebrachten Ruprecht.

Im folgenden Auftritt werden die Hintergründe klar: Adam hatte Eve angeboten, für ein Attest zu sorgen, damit Ruprecht nicht seinen Wehrdienst leisten muss. Angeblich sollten er und die anderen Rekruten nämlich zum Dienst nach Ostindien verschifft werden, den nur wenige Soldaten überleben. Als Gegenleistung erhoffte er sich dafür ein Schäferstündchen mit Eve.

Den angeblichen Befehl hatte Adam jedoch erfunden, wie Schreiber Licht und Gerichtsrat Walter versichern. Der Versöhnung und der Hochzeit steht damit nichts mehr im Wege. Adam wird seines Postens enthoben, der von Licht eingenommen werden soll. Walter befiehlt zudem, den fliehenden Adam zurückzubringen, damit er trotz seiner

---

[1] Spalier: gitterartige Holzkonstruktion

Amtsenthebung nicht auch noch seinen Wohnsitz verliert. Abschließend verweist Walter Marthe an die nächsthöhere Instanz in Utrecht, damit dem Krug „sein Recht gescheh'n" (V. 1971) könne.

Die Personenkonstellation

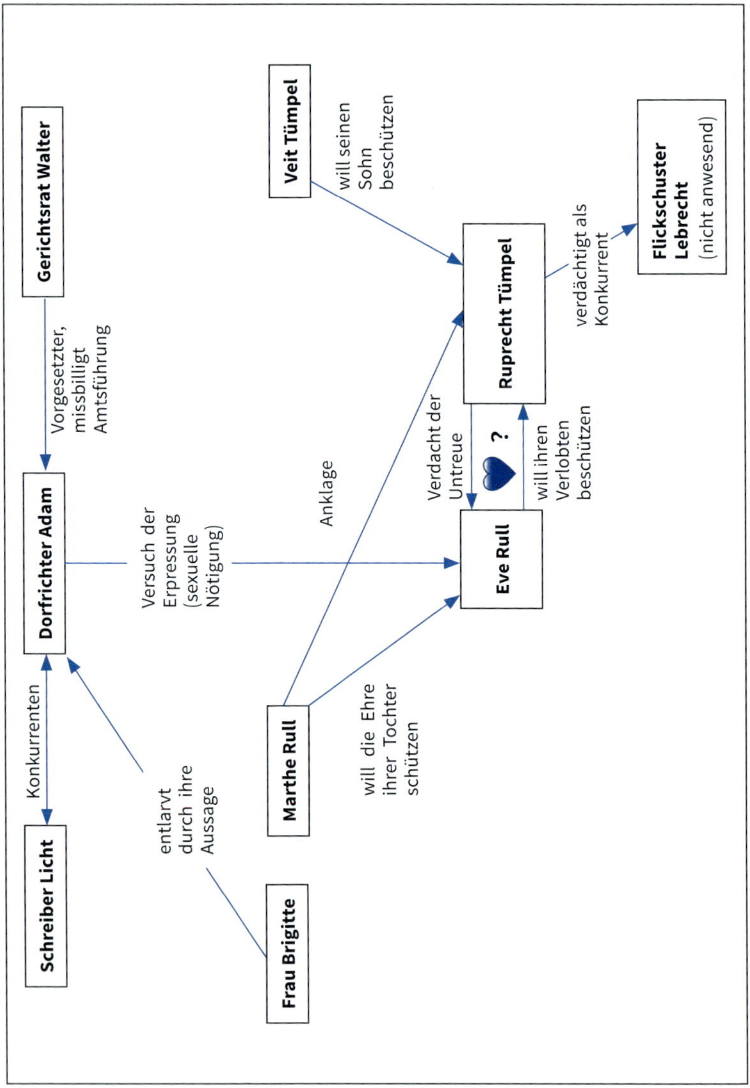

Inhalt, Aufbau und erste Deutungsansätze

Die Vorrede

Die Vorrede ist nur handschriftlich überliefert und wurde nicht in die Erstausgabe übernommen. Sie liefert wichtige Hinweise des Autors zum Verständnis des Dramas.

Eine Bildvorlage als Anregung

Kleist äußert zunächst, dass dem Drama eine wahre Begebenheit zugrunde liegen könnte, was die Authentizität des Folgenden erhöhen soll. Zugleich benennt er einen Kupferstich als Anregung, den er vor einigen Jahren in der Schweiz gesehen haben will. Der Kupferstich konnte ermittelt werden (siehe Abb. S. 14) und zeigt einerseits viele der von Kleist genannten Charakteristika, wie etwa das schuldbewusst bzw. ertappt wirkende junge Mädchen im Zentrum des Bildes sowie die alte Frau, die einen jungen Mann beschuldigt und zu deren Füßen ein zerbrochener Krug liegt. Andererseits erinnert sich Kleist, dass auf diesem Bild ein Gerichtsschreiber den Richter misstrauisch anblicke, was sich dem Kupferstich so nicht entnehmen lässt. Im Zusammenhang mit Kleists Zusatz „wie Kreon […] den Ödip" (S. 5, Z. 18 f.) ergeben sich Hinweise auf die Bauform des Dramas.

Sophokles' „König Ödipus" als weitere Anregung

Kleist bezieht sich hier auf das Drama „König Ödipus" des griechischen Dichters Sophokles (497/96–406/05 v. Chr.), das auf einer griechischen Sage beruht: Der König der Stadt Theben, Laios, wird Ziel eines Fluchs, der besagt, dass, wenn er einen Sohn bekomme, er durch dessen Hand den Tod finden werde. Laios und seine Frau Jokaste wollen, als sie einen Sohn bekommen, dem Fluch entkommen. So lassen die Eltern den Knaben im Gebirge aussetzen und ihm die Fußknöchel durchstechen. Das Kind namens Ödipus („Schwellfuß") wird jedoch von einem Hirten gerettet

Jean-Jacques Leveau: Le juge ou la cruche cassée (Der Richter oder der zerbrochene Krug). Kupferstich nach einem (verlorenen) Gemälde von Philibert Debucourt (ca. 1780)

und nach Korinth gebracht, wo es in dem Bewusstsein aufwächst, der Sohn des dortigen Königs zu sein. Als Zweifel an seiner Abstammung aufkommen, befragt Ödipus das Orakel und bekommt die Auskunft, er werde seinen Vater töten und seine Mutter heiraten. Entsetzt flieht er aus Korinth, um diesem Schicksal zu entgehen und seine vermeintlichen Eltern zu schonen. Unterwegs trifft er jedoch auf Laios, gerät in Streit mit ihm und tötet ihn, sodass sich der erste Teil des Fluchs erfüllt. Schließlich gelangt er nach Theben, befreit die Stadt von einem Ungeheuer, der Sphinx, und wird darum von den Bürgern/Bürgerinnen als Herrscher eingesetzt. Als neuer König von Theben heiratet er die Witwe des Laios, Jokaste, seine leibliche Mutter, und erfüllt damit unwissentlich auch den zweiten Teil des Fluchs. Erst an dieser Stelle setzt das Drama von Sophokles ein:

Viele Jahre später bricht in Theben eine Pest aus. Das befragte Orakel erklärt, die Pest werde erst aufhören, wenn ein unerkannt in der Stadt in Blutschande lebender Vatermörder bestraft worden sei. Ödipus macht sich auf die Suche nach diesem und erkennt mehr und mehr, dass er selbst der Gesuchte ist, will dies jedoch zunächst nicht wahrhaben. Als offensichtlich wird, dass er selbst der Gesuchte ist, blendet er sich und verlässt die Stadt.

„Der zerbrochne Krug“ als analytisches Drama

Die Parallelen zum „Zerbrochnen Krug“ sind offensichtlich: In beiden Dramen sind wesentliche Teile der Handlung bereits vor Beginn der Bühnenhandlung abgelaufen, die in dem Drama dann erst enthüllt und aufgeklärt werden (sogenanntes analytisches Drama). Ferner steht bei beiden die Suche nach einem Täter im Zentrum, bei der ein Richter einen Täter sucht, der er letztlich selbst ist. Während jedoch in der griechischen Tragödie Ödipus nicht weiß, dass er der Täter ist, ist dies Adam von Anfang an bewusst und er versucht, seine Täterschaft zu verschleiern.

„Der zerbrochne Krug“ als komische Spiegelung der griechischen Tragödie

Die Handlung der griechischen Tragödie verläuft somit gleichsam spiegelverkehrt. Diese Spiegelung zeigt sich auch in der Verlagerung des Geschehens vom Königshof in ein bäuerliches Milieu, womit auch die sogenannte Ständeklausel[1] aus der aristotelischen Dramentheorie in Bezug auf das Personal von Tragödie und Komödie erfüllt wird. Im Grunde wird jedoch ein ernster Gegenstand in ein komisches Licht gerückt, wobei der ernste Hintergrund jedoch erkennbar bleibt.

Figuren

Die anspielungsreiche Symbolik der Namen

Üblicherweise sind die Personenverzeichnisse nach der Bedeutung der Figuren für das Drama geordnet. Kleist weicht von dieser Form ab und ordnet die Figuren nach ihrem gesellschaftlichen Rang, beginnend mit Walter, gefolgt von Adam und Licht. Erst dann folgen die Dorfbewohnerinnen und -bewohner. Das Verzeichnis zeigt also eine gesellschaftliche Hierarchie, deren Fragwürdigkeit das Drama anprangert. Auch die Namen der Figuren sind bewusst gewählt und enthalten eine Vielzahl von Anspielungen auf die Charaktere.

Walter: Der Name des Gerichtsrats lässt sich mit dem Verb ‚walten‘ im Sinne von ‚Macht über etwas haben, regieren‘ in Verbindung bringen und sagt damit etwas über die hohe Stellung des Namensträgers aus, bei dem die Entscheidungsgewalt liegt.

Adam: Der Name der Hauptfigur lässt sich als Anspielung auf die Bibel und damit den Sündenfall verstehen, worauf auch Schreiber Licht im ersten Auftritt mehrfach hinweist (vgl. V. 9 ff., V. 62). Wie der biblische Adam versündigt sich

---

1 Ständeklausel: die von Aristoteles benannte Forderung, dass die Hauptfiguren in einer Tragödie von höherem Stand bzw. Adel sein sollten, die einer Komödie von niederem Stand, also aus dem einfachen Volk. Siehe dazu auch die Informationen zur Komödie auf S. 126 f.

auch der Dorfrichter und büßt für seine Sünde, indem er mit Gewalt aus Eves Zimmer vertrieben wird. Anders als in der Bibel agiert Richter Adam jedoch als treibende Kraft bzw. Verführer und nicht als der Verführte. Auch hier zeigt sich das Prinzip der Spiegelung.

Licht: Der Schreiber verkörpert die Ideen der Aufklärungsepoche (18. Jh.), indem er buchstäblich Licht in die Angelegenheit bringt und den Fall schließlich löst. Die Bezeichnung als Lichtbringer (lat. Luzifer, ein Name des Teufels) verweist jedoch noch auf eine dunkle Seite dieses Charakters. Er arbeitet zielgerichtet auf Adams Sturz hin, um seine Stellung zu übernehmen, und erfreut sich schließlich sogar an dessen Unglück.

Marthe Rull (von ‚rollen') ist die Figur, die die Dinge durch ihre Anklage ins Rollen bringt, zugleich aber auch ihre Kontrahenten rhetorisch wie eine Walze überrollt. Ihr Vorname Marthe (aram. für ‚Herrin') deutet auf ihr herrisches Temperament hin, das sich im gesamten Drama zeigt.

Eve agiert wie Adam als spiegelbildliche Version ihrer biblischen Namenspatronin. Anders als die biblische Eva ist sie ausdrücklich nicht für Adam bestimmt und auch nicht die Verführerin, sondern vielmehr die Verführte.

Veit Tümpel wirkt durch seinen Nachnamen (Tümpel = flacher Teich, kleines Gewässer) geistig etwas beschränkt. Genau wie sein Sohn blickt er nicht in die Tiefe, sondern gibt sich mit naheliegenden Erklärungen zufrieden.

Ruprecht erinnert durch seinen Namen an den Knecht Ruprecht, der die angeblich bösen Kinder mit der Rute züchtigt. Genau wie dieser bestraft der impulsiv agierende Ruprecht Adam, indem er ihn mit der Türklinke schlägt. Ganz im Gegensatz dazu ist der zunächst als Nebenbuhler verdächtigte **Lebrecht** ein rechtschaffener Mensch, was sich zwar später auch herausstellt, aber schon durch den Namen angedeutet wird.

Frau Brigitte: Ihr Name verweist auf ihre Schutzheilige, die heilige Brigitta von Schweden, die vor allem als Friedensstifterin und Vermittlerin bekannt geworden ist. Als Tante Ruprechts und Nachbarin der Rulls steht sie zwischen den Parteien und kann durch ihre Aussage den Streit beilegen, wenngleich sie selbst die Zeichen falsch deutet.

Auch viele weitere, nur namentlich erwähnte Figuren tragen sprechende Namen, die auf Besonderheiten oder ihr Verhalten anspielen, zum Beispiel Rat Wachholder (Pflanze, die zur Herstellung von Schnaps verwendet wird, vgl. V. 95), Dorfrichter Pfaul (faul und liederlich, vgl. V. 338), Korporal Holzgebein (offenbar ein Invalide, vgl. V. 471) und Küsterin Schwarzgewand (Farbe ihrer kirchlichen Amtstracht, vgl. V. 261). Diese Namen tragen zur Komik des Dramas bei.

Zum Aufbau des Dramas

Theorie des traditionellen Dramas

Das Lustspiel besteht nicht, wie sonst üblich, aus drei bzw. fünf Akten, sondern ist in insgesamt 13 Auftritte aufgeteilt. Dennoch lässt sich das aus der Dramentheorie bekannte fünfgliedrige Schema eines Dramenaufbaus nach Gustav Freytag[1] auch auf dieses Drama anwenden: Der erste Auftritt enthält nach dieser Lesart die Exposition, die Auftritte 2–5 mit dem Erscheinen des Gerichtsrats sowie der Klägerin die steigende Handlung, die Auftritte 6–8 mit der Gerichtsverhandlung stellen den Höhepunkt bzw. Wendepunkt (Peripetie) dar, da zunehmend klar wird, dass die Art der Prozessführung Adam die Stellung kosten wird und er

[1] Gustav Freytag: deutscher Schriftsteller (1816–1895). In seinem Werk „Technik des Dramas" (1863) fasste er die Theorie des geschlossenen Dramas nach Aristoteles zusammen.

sich immer mehr verdächtig macht. Die Auftritte 9 und 10 sorgen noch einmal für retardierende (hinauszögernde) Momente, da aufgrund neuer Indizien wieder Zweifel an der Täterschaft Adams aufkommen. Diese erweisen sich jedoch im elften Auftritt als unberechtigt, woraufhin die Handlung in den letzten beiden Auftritten rasch der Lösung zustrebt.

Drei Einheiten

Geradezu idealtypisch eingehalten sind auch die von der aristotelischen Dramentheorie geforderten sogenannten „drei Einheiten“:

1. **Einheit des Ortes:** Die gesamte Handlung spielt sich in der Gerichtsstube des Dorfes Huisum ab.
2. **Einheit der Handlung:** Die Handlung konzentriert sich auf das Gerichtsverfahren und die Aufdeckung der Zusammenhänge.
3. **Einheit der Zeit:** Die Handlung vollzieht sich in einem begrenzten Zeitraum.

Form und Sprache

Der Blankvers und seine Verwendung durch Kleist

Kleist verfasste den „Zerbrochnen Krug“ in Blankversen, also der Form, die seit der Verwendung durch den Dichter G. E. Lessing (1729 – 1781) in „Nathan der Weise“ für das Drama vor allem der Weimarer Klassik (1786 – 1805) typisch war. Ein Blankvers ist ein reimloser jambischer Vers mit fünf Hebungen und wechselnden Kadenzen, zum Beispiel:
Ei, wás zum Hénker, ságt, Gevátter Ádam! (V. 1)

Äußerlich bedient sich Kleist damit einer gehobenen Sprache. Er tut dies aber in einer Weise, die die Zurschaustellung von Bildung in klassischen Drama ironisiert. Zum einen verwendet er den Blankvers in einer Komödie, die in einem niederen sozialen Milieu beheimatet ist. Zudem bedienen sich die Figuren einer Sprache, die in einem klassischen Drama als unangemessen erschienen wäre, zum Beispiel in Form zahlreicher Flüche (siehe oben). Durch die Verwendung des gehobenen Blankverses in dieser Weise erscheint das formvollendete Ideal der Weimarer Klassik als eine reine Äußerlichkeit: Die gehobene Form lässt die Derbheit des Inhalts nur umso deutlicher hervortreten. Zusätzlich unterstrichen wird dies durch ungewöhnlich viele Elisionen[1], die den Blankvers teilweise gezwungen wirken lassen. Kleist steigert dies absichtsvoll so weit, dass er sogar im Titel des Dramas, das „Der zerbrochne Krug" und nicht „Der zerbrochene Krug" heißt, eine Elision verwendet.

Elisionen als zentrales Stilmittel

Auffällig ist weiterhin, dass Kleist den Blankvers in einer gebrochenen, an manchen Stellen förmlich zertrümmerten Form verwendet. Zwar ist es auch im klassischen Drama nicht unüblich, dass sich zwei Sprecher einen Vers teilen. Dies geschieht vor allem auf dem Höhepunkt einer verbalen Auseinandersetzung, wenn der eine Sprecher dem anderen ins Wort fällt. In „Der zerbrochne Krug" wird diese Ausnahme beinahe zum Regelfall und zudem noch weiter gesteigert. Oft müssen sich mehr als zwei Sprecher einen Vers teilen, zum Beispiel:

Der gebrochene Vers als Stilmerkmal

Ruprecht: Die Metze, die!
Adam: Schreib auf!
Veit: Pfui, schäm Sie sich.
(V. 819)

Diese Technik verleiht dem Drama auf der einen Seite Dynamik, indem die Dialoge und das Geschehen beschleunigt werden und geradezu atemlos erscheinen. Zugleich aber wird hierdurch auch ein inhaltliches Grundproblem unterstrichen: Die Charaktere hören einander nicht zu, sie missverstehen sich und reden aneinander vorbei. Die äußere Form unterstreicht damit, dass in diesem Drama nicht nur

[1] Elision: Verschleifung, Weglassen von Lauten oder Silben innerhalb eines Wortes oder am Wortende, z. B.: „Ich glaub es nicht." anstelle von: „Ich glaube es nicht."

ein Krug, sondern auch die zwischenmenschliche Kommunikation zerbrochen ist.

Die Sprachnot der Figuren

Eine Besonderheit dieses Dramas ist hierbei die häufige Verwendung der rhetorischen Figur der Aposiopese (gr. das Verstummen), einer Sonderform der Ellipse, also eines unvollständigen Satzes. Kleists Figuren werden nicht nur in ihrer Rede unterbrochen, sondern sie brechen Sätze auch von sich aus ab, zum Beispiel, um sich nicht selbst zu verraten, wie etwa Richter Adam:

„Ich hatte sie behutsam draufgehängt/Und müsst ein Ochs gewesen sein –“ (V. 548 f.)

An anderen Stellen fehlen den Figuren einfach die Worte, weil sie die Wahrheit nicht aussprechen können. Dies gilt insbesondere für Eve:

„Jedoch warum vor Nachbarn, Knecht' und Mägden –/ Gesetzt, ich hätte Grund es zu verbergen“ (V. 1180 f.).

Diese Sprachnot ist für das Werk Kleists, insbesondere aber für dieses Drama charakteristisch. Kleist war der Überzeugung, dass die Sprache nicht zur Mitteilung der tiefsten Empfindungen und Gedanken tauge, denn „sie kann die Seele nicht malen, und was sie uns gibt, sind zerrissene Bruchstücke“[1] (Brief an seine Halbschwester Ulrike vom 5. Februar 1801).

Erster Auftritt

Anspielungen auf den biblischen Sündenfall

Das Drama beginnt mit dem Auftritt des Schreibers Licht, der in die Gerichtsstube eintritt, während Richter Adam sich gerade das Bein verbindet. Mit einem Ausruf der Über-

[1] Heinrich von Kleist: Sämtliche Werke und Briefe. Hrsg. von Helmut Sembdner. Zweibändige Ausgabe in einem Band. München: dtv 2001. Band 2, S. 626.

raschung („Ei, was zum Henker, sagt, Gevatter Adam!“, V. 1) zeigt Licht zum einen seine Verwunderung, zugleich aber auch seine Vertrautheit mit seinem Vorgesetzten, den er hier Gevatter, wenig später sogar „Freund“ (V. 7) nennt. Adam erklärt seinen lädierten Zustand mit seinem Straucheln, für das er jedoch außer der Glätte des Bodens keinen Anlass zu kennen vorgibt, was er durch das Wortspiel „straucheln – Strauch“ hervorhebt (vgl. V. 3 ff.). Auffällig ist, dass er sich gleichzeitig verdächtig macht bzw. offen andeutet, was wirklich geschehen ist, denn jeder trage „[d]en leid'gen Stein zum Anstoß in sich selbst“ (V. 6 f.). Hiermit verweist Adam auf die innere Verfassung des Menschen, die diesen zum Fall, das heißt zur Sünde drängt. Dies greift Licht sofort auf, indem er auf den Sündenfall Adams hinweist.

Anspielungen Lichts

Dies ist Adam offensichtlich so unangenehm, da er weiß, dass er sich gestern schuldig gemacht hat, dass der folgende Vers (vgl. V. 12) sogar die Struktur des Blankverses durchbricht, um zu unterstreichen, dass Adam sich eine erste Lüge überlegen muss, um von sich abzulenken. Er erfindet darauf die Geschichte seines Sturzes aus dem Bett, was Licht jedoch nicht davon abhält, weitere Anspielungen zu machen, da Adam vorgibt, mit seinem verkrüppelten linken Fuß gestrauchelt zu sein, der als „Klumpfuß“ (V. 25) bezeichnet wird. Auffallend ist insbesondere seine Bemerkung, dass sich der gesunde rechte Fuß eher „aufs Schlüpfrige“ (V. 29) wagen würde. Die Doppeldeutigkeit des Wortes schlüpfrig, das sowohl im Sinne der Glätte des Bodens, aber auch im Sinne einer erotischen Eskapade verstanden werden kann, ist an dieser Stelle zunächst scheinbar unverdächtig, liefert aber, wenn man die Vorgeschichte kennt, einen ersten Hinweis darauf, dass Licht über die Vorgänge des vergangenen Abends zu diesem Zeitpunkt bereits unterrichtet sein könnte. Diese Lesart lässt den Charakter Licht von Beginn an ambivalent wirken.

In der Folge dreht sich das Gespräch dann um die weiteren Blessuren Adams im Gesicht und auf dem Hinterkopf. Die Komik des Dialogs wird noch dadurch gesteigert, dass Adam erneut unwillkürlich die Wahrheit sagt („Ich müsst ein Lügner sein“, V. 33). Licht kommt mit seiner Vermutung über die Herkunft der Verletzung („ein Schlag […], als hätt ein Großknecht wütend ihn geführt“, V. 46) der Wahrheit erneut überraschend nahe. Zudem bezeichnet er die Wunde als „aus dem Feuer des Gefechts“ (V. 49) entstanden.

Schlagfertigkeit Adams

Daraufhin greift Adam zu einer Lüge, die er fantasievoll ausschmückt. Er nimmt dabei das Wort Gefecht auf und macht daraus einen Kampf mit dem gusseisernen Ziegenbock am Ofen, auf den er mit dem Gesicht gestürzt sei. Adam gestaltet diese Geschichte rhetorisch wirksam, indem er sein Straucheln metaphorisch mit einem Ertrinken in den Lüften umschreibt (vgl. V. 53) und den Moment des Fallens im dramatischen Präsens mit einer Akkumulation[1] („Bund jetzt und Hos und ich, wir stürzen“, V. 58) ausschmückt, bei der er seine Hose und deren Teile personifiziert. Lichts Gelächter als Reaktion lässt offen, ob dieser die Geschichte glaubt.

Teufelssymbolik

Mit dem Ziegenbock tritt dann ein weiteres Element hinzu, das metaphorisch auf den Teufel hinweist: Der Teufel war zum einen Auslöser des Sündenfalls. Dargestellt wird er häufig in Gestalt eines Ziegenbocks bzw. mit Hufen statt Füßen. Auffällig oft taucht der Teufel auch als Fluch im Drama auf. Diese Anspielungen dienen dazu, auf das Böse im Menschen allgemein (vgl. V. 6) bzw. insbesondere in Adam und Licht (lat. Luzifer = Lichtbringer) hinzuweisen.

[1] Akkumulation: Anhäufung mehrerer Unterbegriffe, die zu einem Oberbegriff gehören

Das Symbol des Teufels im ersten Auftritt

- Anspielungen auf den Sündenfall (vgl. V. 9 ff., V. 24, V. 62)
- „Klumpfuß“ Adams

- Flüche (z. B. „Den Teufel auch!“, V. 38)
- Ziegenbock als Figur am Ofen

➡ Anspielungen auf das Böse, das in Adam, aber auch in Licht existiert

Ankündigung der Revision durch Gerichtsrat Walter

In der Folge nimmt das Gespräch eine neue Wendung, indem Licht eine unangekündigte Prüfung (Revision) durch den Gerichtsrat Walter meldet. Dieser sei schon im Nachbardorf Holla angekommen und seine Weiterreise nach Huisum stehe bevor. Adam nimmt diese Ankündigung zunächst nicht sonderlich ernst.

Korruption als Problem der ländlichen Gerichtsbarkeit

An dieser Stelle wird das Amtsverständnis Adams zum ersten Mal deutlich, denn er behauptet, der Gerichtsrat sei selbst jemand, der „sein Schäfchen schiert“[1] (V. 79), was der Leser bzw. die Leserin nur als Anspielung auf Korruption bzw. Vorteilsnahme im Amt deuten kann. Dass Adam ihn dennoch oder gerade deswegen als einen „wackre[n] Mann“ (V. 78) bezeichnet, macht sein eigenes, ebenso bedenkliches Amtsverständnis deutlich. Adam hält es für ausgeschlossen, dass dieser Rat seinen Dienstpflichten nachkommen und „uns kujonieren“ (V. 80), also schikanieren könnte. Er unterstellt eine Verwechslung, weil die Dorfbewohner einen kahlen Kopf von einem Gesicht nicht unterscheiden könnten bzw. einen entsprechend gekleideten

[1] „sein Schäfchen schiert“ (V. 79): auf seinen Vorteil bedacht ist

Gehstock für einen Amtsträger halten würden. Hier wird das Element der Justizkritik deutlich. Adam vermutet, dass vor allem Äußerlichkeiten zum Respekt vor dem Amt führen.

Auch Lichts Hinweis auf die offenbar kürzlich erfolgte Neubesetzung der Revisorenstelle mit Gerichtsrat Walter anstelle seines Kollegen Gerichtsrat Wacholder vermag die Ruhe Adams nicht zu stören, obwohl doch bereits die Namen andeuten, dass von nun an ein anderer Wind in der Verwaltung wehen soll, denn statt des offensichtlich dem Alkohol zugetanen Wacholder führt nun ein (Ver-)Walter das Amt. Adam vermutet jedoch zunächst, dass sich nichts geändert habe, da auch der neue Rat sich an den bestehenden „Edikten[1] und Gebräuchen" (V. 100) orientieren werde.

Unterschiedliche Rechtstraditionen

Adam wirft hier zwei unterschiedliche Arten der Rechtspflege durcheinander, nämlich die vormoderne, die sich an mündlich überlieferten Gebräuchen orientierte, und die moderne, die auf schriftlich fixierten Gesetzen beruht. Licht weist Adam darauf hin, dass für Gerichtsrat Walter offenbar nur die moderne Art der Rechtspflege Geltung besitzt. Um den Effekt zu steigern, verwendet er an dieser Stelle eine Klimax („Erschien […],/Visitierte […]/Und suspendierte", V. 102 – 104). Er lässt durch die Tatsache, dass in Holla sowohl der Richter als auch der Schreiber suspendiert worden sind, durchblicken, dass er sich als mit dem Richter in einem Boot sitzend sieht.

Adams Unruhe, die durch eine ganze Reihe von Nachfragen verdeutlicht wird, steigert sich noch, als Licht die Geschichte vom Selbstmordversuch des bisherigen Dorfrichters hinzufügt. Auch hier wird die Dramatik seiner Rettung durch eine Klimax (V. 113) gesteigert, zugleich aber auch mit einer Alliteration („versiegelt, […] vereidet und verschlossen",

[1] Edikt: Verordnung

V. 116 f.) die Endgültigkeit der getroffenen Maßnahmen unterstrichen. Mit dem Vergleich des ins nackte Leben zurückgeholten Richters mit einer Leiche, die schon beerbt wurde (vgl. V. 118 f.), unterstreicht Licht, wie gravierend die Konsequenzen für den Richter sind.

Adams Amtsverständnis

Adams Reaktion hierauf erscheint zwiespältig: Zum einen gibt er unumwunden zu, dass er seinen Kollegen für einen „liederliche[n] Hund" (V. 119) hält, von dem er zudem in der Vergangenheitsform spricht, so als wäre er tatsächlich tot. Paradoxerweise hält er ihn dennoch für eine „ehrliche Haut" (V. 120), mit dem man „gut zusammen" (V. 121) sein konnte. Adam unterscheidet also zwischen der Amtsführung, die er als liederlich sieht, und der privaten Seite, die ihm scheinbar sehr viel wichtiger ist. Verfehlungen auf der dienstlichen Seite erscheinen Adam eher verzeihbar, weswegen er seinen Kollegen auch nicht als Schuft, sondern als „armen Kauz" (V. 124) bezeichnet.

Schmeicheleien und Drohungen gegenüber Licht

Die Ankündigung, dass Gerichtsrat Walter spätestens gegen Mittag eintreffen werde, lässt Adams Tatkraft erwachen. Mit einem doppelten Ausruf (vgl. V. 128) ermahnt er Licht zur Unterstützung. Die auch heute noch gebräuchliche Metapher der sich gegenseitig waschenden Hände weist zum einen auf die gegenseitige Unterstützung in dieser herausfordernden Situation hin, aber auch auf die Möglichkeit, sich gegenseitig von begangenen Verfehlungen reinzuwaschen. Adam warnt Licht vor zu großem Ehrgeiz. Er unterstellt ihm, an seiner Stelle Dorfrichter werden zu wollen, und billigt ihm dies für die Zukunft auch zu, doch fleht er ihn geradewegs an, an diesem Tag noch nicht die Gelegenheit zu ergreifen, was er eindringlich wiederholt („heut […] heut", V. 132 f.). Hierbei bedient er sich zunächst des Mittels der Schmeichelei, indem er Lichts klassische Bildung sowie seine Verdienste hervorhebt. Erneut ermahnt er ihn aber, seinen Ehrgeiz „heut" (V. 138) noch zu zügeln.

Dass es mit Adams eigener Bildung nicht allzu weit her ist, zeigt sich daran, dass er Licht mit dem griechischen Redner Demosthenes (384–322 v. Chr.) vergleicht und sich selbst mit dem makedonischen König, der diesem „dankbar" (V. 145) gewesen sein soll. Tatsächlich waren die beiden jedoch Todfeinde. Es deutet sich bereits an, dass Licht von Adam als ein ernsthafter und für das Amt möglicherweise geeigneterer Konkurrent gesehen wird, nicht zuletzt deshalb, weil er über eine höhere Bildung verfügt.

Adams Bildungslücken

Auf das Zuckerbrot der angebotenen Nachfolge und des Lobes folgt anschließend die Peitsche in Form einer kaum verhüllten Drohung. Adam spinnt das Beispiel des Demosthenes fort und deutet die Möglichkeit an, eine ausführliche Darlegung über bei Gericht niedergelegte Gelder und daraus resultierende Zinsen verfassen zu wollen. Adam unterstellt Licht also das widerrechtliche Einbehalten von Zinsgewinnen, die bei Gericht hinterlegte Gelder abgeworfen haben. Dies ist ein Hinweis darauf, dass Licht keinesfalls eindeutig positiv gesehen werden kann. Licht reagiert auf diese Bemerkungen Adams abwehrend. Er leugnet die ihm unterstellten Ambitionen (vgl. V. 134), beruft sich erneut auf seine Vertrautheit mit dem Richter (vgl. V. 141) und verbittet sich schließlich den Argwohn Adams bzw. verweist auf seine gezeigte Treue (vgl. V. 146 f.).

Korruption Lichts

Adam hingegen gibt an dieser Stelle unumwunden zu, sich außerhalb des Dienstes nicht immer korrekt verhalten zu haben, wobei er das eigentlich korrekte Verhalten durch seinen Vergleich „gravitätisch[1], wie ein Eisbär" (V. 158) ins Lächerliche zieht.

Nachdem die Interessensphären abgesteckt sind, schlägt Adam vor, in der Registratur etwas Ordnung zu schaffen.

Chaos in der Registratur

[1] gravitätisch: würdevoll

Wie notwendig dies ist, wird durch den grotesken Vergleich der dort liegenden unbearbeiteten Akten mit dem Turm zu Babylon[1] (vgl. V. 161 f.) deutlich.

Der erste Auftritt als Exposition

Exposition: Einführung der Zuschauenden in Zeit, Ort, Figuren und zentrale Themen, die im Folgenden entwickelt werden

- Vorstellung des Dorfrichters Adam und seines Umfelds
- mysteriös wirkende Verletzungen Dorfrichter Adams mit Andeutungen eines sündhaften Verhaltens
- Hinweise auf Unstimmigkeiten in der Amtsführung des Dorfrichters Adam
- Vorstellung Lichts als Helfer, aber auch möglichen Konkurrenten Adams

Zweiter Auftritt

Sprechende Ortsnamen

Der zweite Auftritt gehört mit zu den turbulentesten Szenen im Drama. Als ein Bediensteter mit dem durchaus doppeldeutigen, da auf die Situation Adams passenden Gruß „Gott helf, Herr Richter!“ (V. 163) die bevorstehende Ankunft des Gerichtsrats Walter ankündigt, gerät Adam in große Verwirrung. Passend zu diesem Aufruhr, den allein die Ankündigung auslöst, lauten die Namen der weiteren von Walter zu besuchenden Dörfer Holla und Hussahe, was beides Kommandos zur Steuerung von Pferdefuhrwerken sind. Dies weist zum einen noch einmal auf das provinzielle dörfliche Umfeld hin. Zum anderen korrespondieren diese Namen aber auch mit der Wirkung Walters, der seine Umgebung buchstäblich auf Trab bringt.

Unruhe angesichts von Walters bevorstehendem Eintreffen

Adam hat sichtlich Mühe, seine Gedanken zu ordnen, und muss sogar daran erinnert werden, dass er seine Amts-

[1] Turm zu Babylon: im Alten Testament ein Bauwerk, das zum Ruhm der Menschen bis zum Himmel reichen sollte, aber unvollendet blieb, weil Gott wegen des maßlosen Plans die Sprachen verwirrte

tracht mit Rock, „Bäffchen! Mantel! Kragen!“ (V. 174) anzulegen hat. Auch beim Anlegen der Kleidung benötigt er Hilfe, wodurch neue Verwirrung entsteht. Die Unruhe spiegelt sich auch in der Struktur der Blankverse wider, da viele Verse von mehreren Sprechern geteilt werden, was die Gedrängtheit noch unterstreicht.

Zwischen Licht und Adam tritt an dieser Stelle eine Meinungsverschiedenheit (Dissens) auf, da jeder dem Bediensteten eine andere Botschaft für Walter mitgeben will. Während Licht sich fast übertrieben freundlich äußert, indem er den Gerichtsrat als „sehr willkommen“ (V. 176) bzw. seinen Besuch als „sehr angenehm“ (V. 188) bezeichnet, was angesichts der Situation einer bevorstehenden Revision mit Sicherheit auch aus Lichts Sicht nicht der Wahrheit entspricht, will sich Adam einfach krankmelden und durch diese Entschuldigung der Revision entgehen.

Erste Unstimmigkeiten zwischen Adam und Licht

Die Ungeheuerlichkeit dieser Idee wird dadurch hervorgehoben, dass das Wort „Entschuldigen“ dreimal von Adam und Licht wiederholt wird (V. 179, 183). Auch die Auskunft, dass sich die Ankunft Walters wegen eines Deichselbruchs noch weiter verzögern wird, kann Adam nicht umstimmen. Adam rutscht auf die Nachricht des Unfalls sogar ein „Gut“ (V. 182) heraus, wenig später wünscht er sogar, dass der Gerichtsrat statt der Deichsel sich besser „den Hals gebrochen“ (V. 208) hätte. Der Richter verhält sich in dieser Szene also überraschend ehrlich, denn auch die von ihm angeführten gesundheitlichen Probleme als Folgen des Vorabends sowie ein darauf sich einstellender Durchfall (vgl. V. 186, 190) sind zutreffend. Seine derben Flüche (vgl. V. 178) verdeutlichen seine Verärgerung, stellen aber zugleich auch in übertriebener Form unbeabsichtigte Vorausdeutungen dar, indem sie seine Amtsenthebung vorwegnehmen („Zum Henker! […] Der Teufel soll mich holen“, V. 189).

Licht kommt in dieser Phase nur mit Ausrufen und knappen Fragen zu Wort, lässt sich aber dennoch nicht davon abbringen, den Gerichtsrat empfangen zu wollen. Sein Einwand „Das fehlt noch, dass ihr auf den Weg ihm leuchtet[1].“ (V. 191) ist doppeldeutig: Oberflächlich rät er Adam davon ab, Walter wegzuschicken. Man kann ihn aber auch so verstehen, dass er Adam explizit davor warnt, Walters Misstrauen zu wecken und ihn so auf die Spur der vermutlich zahlreichen Unregelmäßigkeiten bei der Amtsführung zu bringen.

Adam als Genussmensch: Missbrauch der Registratur als Speisekammer

Diese Aussage führt bei Adam zu einem neuen Schub hektischer Betriebsamkeit. Mit einer Vielzahl von Ausrufen, Beschimpfungen und kurzen Befehlen scheucht er die Mägde auf. Seine Anweisungen sind dabei zum Teil widersprüchlich. So werden die Mägde zuerst herbeigerufen, um sie mit einem kurzen „Fort!“ (V. 193) wieder wegzutreiben, dieses Mal in die Registratur, um dort „Kuhkäse, Schinken, Butter, Würste, Flaschen“ (V. 194) wegzuschaffen. Dabei soll die Kuhmagd Liese die offensichtlich als Vorratskammer missbrauchte Registratur aufräumen, während Margarete, die zweite Magd, Adam in der Zwischenzeit seine Perücke als letzten und entscheidenden Teil seiner Amtstracht herbeischaffen soll.

Gestörte Kommunikation

Mit seinen kurzen, überwiegend elliptischen[2] Befehlen drückt sich Adam aber so verwirrend aus, dass sich entweder keine oder beide Mägde zugleich angesprochen fühlen. In mehreren Versen zerfällt hier auch der Blankvers als gliederndes Element, was unterstreicht, dass die Sprache hier beginnt, ihre kommunikative Funktion einzubüßen. „Sprecht, soll man euch verstehn!“ (V. 198), kommentiert selbstbewusst eine der Mägde diese Art der Kommunikation.

Derweil unterhält sich Licht weiter mit dem Bediensteten und erkundigt sich nach dem Unfall, der Walters Wagen zu-

[1] „auf den Weg ihm leuchtet“ (V. 191): ihn wegschickt
[2] elliptisch: grammatisch unvollständig

gestoßen ist. Der recht maulfaule und wenig auskunftsfreudige Bedienstete gibt auf mehrfaches Nachfragen an, dass der Wagen in einem Hohlweg[1] umgestürzt sei, wobei sich Walter an der Hand verletzt habe. Auch diese Kommunikationssituation erweist sich in der Folge als gestört, indem auf Lichts Bemerkung „Die Hand verstaucht! Ei, Herr Gott! Kam der Schmied schon?" (V. 209) der Bedienstete dies auf die Deichsel bezieht. Das versteht Licht aber nicht, sodass Adam Licht zu verbessern glaubt, indem er diesen darauf hinweist, er habe den Arzt gemeint, was Licht aber wiederum nicht versteht. Der Bedienstete bezieht dies erneut auf die Deichsel, was Adam für unsinnig hält. Der Bedienstete geht anschließend ab, wobei er anmerkt, dass „die Kerls toll" (V. 212), also verrückt seien. Lichts Verwirrung ist damit aber immer noch nicht behoben, während Adam seine Selbstsicherheit zurückgewonnen hat und er Licht seinerseits vorwirft, sich verdächtig zu machen. Auch hier werden einzelne Verse auf bis zu drei Sprecher verteilt, wobei insbesondere Licht mehrfach nur die Frage „Was?" (V. 210 ff.) bzw. „Wieso?" (V. 214) wiederholt.

Verlust der Perücke

Die nun aus der Registratur zurückkehrende Magd lenkt die Aufmerksamkeit auf sich, wobei Adam auffällt, dass um die Braunschweiger Würste noch Gerichtsakten gewickelt sind, die als Einschlagpapier missbraucht worden sind, was ein weiteres Indiz für die liederliche Amtsführung Adams ist. Auch hier kommt es zu einem Missverständnis, ob denn nun die Akten, die Adam als Einschlagpapier bezeichnet, oder die Würste zurück in die Registratur sollen. Die zweite Magd kehrt zurück und berichtet, die Perücke nicht gefunden zu haben. Sie äußert stockend, dass Adam am vorausgehenden Abend gegen elf Uhr ohne Perücke, aber dafür mit blutverschmiertem Kopf heimgekehrt sei.

[1] Hohlweg: unbefestigter Weg, der sich durch häufige Nutzung tief in das Gelände eingeschnitten hat

Misstrauen Lichts

Hierauf wird Licht misstrauisch, da diese Aussage der Geschichte Adams von seinem Sturz auf die Ofenkante widerspricht. Adam reagiert sehr wütend und beschimpft die Magd. Er beharrt darauf, dass er sich die Wunde erst am Morgen zugezogen habe und am Tag zuvor mitsamt der Perücke nach Hause gekommen sei, die er jedoch beim Eintreten aus Versehen abgenommen habe. Adam jagt die Magd daraufhin in die Registratur, „zum Satan, wo du hingehörst" (V. 239). Auffallend ist, dass der Richter erneut mit einer Nennung des Teufels flucht. Zudem ergibt sich ein unfreiwilliges Wortspiel, durch das die Registratur mit der Hölle gleichgesetzt wird, was einmal mehr Adams mangelhafte Dienstauffassung unterstreicht.

Erfindungsreichtum Adams

Um den Verbleib der Perücke zu erklären, erfindet Adam kurzerhand eine weitere, fast unglaubliche Geschichte, dass nämlich eine Katze in die Perücke „gejungt" (V. 243) habe. Licht reagiert hierauf fassungslos, woraufhin Adam, um seiner Geschichte mehr Glaubwürdigkeit zu verleihen, die Jungen zu beschreiben beginnt („Fünf Junge, gelb und schwarz, und eins ist weiß", V. 246), ankündigt, die schwarzen ersäufen zu wollen, und Licht schließlich sogar eine Katze als Geschenk anbietet. Als Licht die Geschichte weiterspinnt, bestreitet Adam die Details, woraufhin es zu einem weiteren Missverständnis kommt, wer denn nun die Perücke ins Maul genommen haben soll.

Kommunikation als tieferliegendes Problem

Adams Bemerkung über das vermeintlich zügellose Sexualleben von Katzen kann erneut auch als indirekte Selbstbezichtigung verstanden werden. Obwohl diese Missverständnisse (Verwirrung der Dienstmägde, der Schmied als vermeintlicher Wunddoktor und Richter Adam, der angeblich eine Perücke „ins Maul" (V. 253, 255) genommen hat) alle eine äußerst komische Wirkung haben, deuten sie doch auf ein viel tieferliegendes Problem hin, nämlich darauf, ob und in welcher Weise Kommunikation gelingen kann.

Die Perücke als Dingsymbol

Zuletzt setzt Adam noch alle Hebel in Bewegung, um sich eine neue Perücke zu verschaffen, indem er eine Magd zu Küsterin Schwarzgewand schickt. Die Perücke kann hierbei als eine Art Dingsymbol[1] verstanden werden, da sie zum einen Adams Amtsautorität sowie deren Verlust versinnbildlicht. Andererseits dient sie als Beweisstück, dessen Wiederauftauchen Adams Schuld endgültig beweist. Dass er am Ende mit Perücke flieht, die „ihm den Rücken peitscht“ (V. 1959), verdeutlicht ihren Funktionswandel zu einem Symbol des dauerhaften Autoritätsverlusts.

Die Funktion der Perücke als Dingsymbol

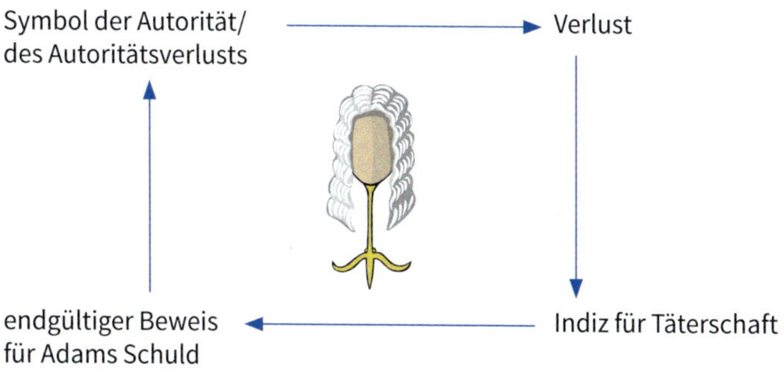

Dritter Auftritt

Adams Traum als Vorausdeutung

Der dritte Auftritt besteht nur aus einem kurzen Gespräch zwischen Adam und Licht. Adam äußert zunächst dunkle Vorahnungen bezüglich des Ausgangs des anstehenden Tages. Diese verstärken sich noch, als er erfährt, dass ein Gerichtstag geplant ist. Der Richter erzählt daraufhin von einem Traum, in dem er vor seinem eigenen Gericht verklagt

[1] Dingsymbol: in einem literarischen Text wiederholt verwendeter Gegenstand mit unterschiedlicher symbolischer Bedeutung

worden sei und dennoch zugleich als Richter amtiert habe. Daraufhin habe er sich selbst vor Gericht gescholten und anschließend verurteilt. Die Schilderung des Traums ist insbesondere wegen der Wortwahl ausgesprochen anschaulich. Er sieht sich als jemanden, der „ergriffen“ (V. 269) und vor den Richtstuhl „geschleppt“ (vgl. V. 270) wird. Hierdurch erscheint Adam als bloßes Objekt, mit dem nach Belieben verfahren werden kann. Dass er anschließend gleichsam gedoppelt vor und auf dem Tribunal präsent ist, wird durch das Pronomen „mich“ sowie ein wiederholtes „ich“ (V. 270 f.) verdeutlicht. Die Art der Prozessführung, die durch drastisches Vokabular in Form einer reihenden Aufzählung unterstrichen wird („Und schält’ und hunzt und schlingelte mich herunter“, V. 272), deutet dabei auf die Art des Umgangs mit den Prozessbeteiligten voraus, die Adam anschließend wirklich an den Tag legen wird. Auch der Ausgang des Prozesses wird bereits vorweggenommen, jedoch durch die drastische Art der Verurteilung („Und judiziert den Hals ins Eisen mir“, V. 273) ins Groteske übersteigert, während die anschließende Verschmelzung von Richter und Angeklagtem mit darauf folgender Flucht exakt das Ende des Dramas beschreibt, wenngleich offen bleibt, ob Adam wirklich im Wald übernachten muss, wie er es geträumt hat.

Voraussagen als weitere Parallele zum Drama „König Ödipus“

Der Traum greift noch einmal Motive aus dem von Kleist in der Vorrede selbst als Vorbild erwähnten Drama „König Ödipus“ von Sophokles auf. Auch dort sind es übernatürliche Vorhersagen, insbesondere durch den Seher Teiresias, die entscheidenden Einfluss nehmen. Und genau wie im „Ödipus“ erscheinen die Vorgänge schicksalhaft vorherbestimmt, wenngleich im Schauspiel Kleists in der oben skizzierten ironischen Brechung (s. S. 15).

Ironisierung des Schicksalsglaubens

Hierdurch treten jedoch die genrebedingten Unterschiede sowie die unterschiedlichen Intentionen nur umso deutlicher zutage: Zeigt Ödipus das unerbittliche Walten des

Schicksals in Form einer Tragödie, ironisiert „Der zerbrochne Krug“ den naiven Glauben an das Wirken höherer Mächte und entlarvt dabei die Mängel der zeitgenössischen Justiz, der beinahe mittelalterliche Methoden vorgeworfen werden.

Licht als Aufklärer

Auch Adam verwirft die Bedeutung des Traums als schicksalhaft sogleich wieder, bleibt aber davon überzeugt, dass ein „Schabernack“ (V. 278) gegen ihn im Gange sei. Auch Licht lehnt, seiner Rolle als Aufklärer angemessen, eine tiefere Bedeutung des Traums ab und bezeichnet die beschriebene Wirkung als „läpp’sche Furcht“ (V. 280), hält die Gefahr einer Verurteilung jedoch auf eine andere Weise für real: Gelinge es Adam nicht, durch die Art seiner Verfahrensführung den Gerichtsrat Walter zufriedenzustellen, drohe der Traum in gewisser Weise dennoch real zu werden (vgl. V. 281 ff.). Damit ist die Fallhöhe für das sich nun anschließende Verfahren gesetzt.

Ödipus und Adam: Ein Vergleich

Ödipus	Gemeinsamkeiten	Adam
• König der Thebaner		• Dorfrichter in Huisum
	• missgebildeter Fuß	
	• Richter und Täter zugleich	
• weiß nichts von seiner Schuld		• weiß um seine Schuld
• Mord und Blutschande		• sexuelle Belästigung und Sachbeschädigung
	• Ermittlung wird von außen angestoßen	

Ödipus	Gemeinsamkeiten	Adam
• durch ein Orakel		• durch die Revision durch Gerichtsrat Walter
	• bedrängt von Rivalen (Kreon bzw. Licht)	
• (mittelbar) Verlust des Amtes an Kreon		• Übertragung des Amtes an Licht
• verurteilt und bestraft sich selbst		• verurteilt einen Unschuldigen, wird aber entlarvt

Vierter Auftritt

Spiegelung der gesellschaftlichen Hierarchie

Mit dem vierten Auftritt beruhigt sich das Geschehen spürbar. Es dominieren in dieser Szene längere Redebeiträge, die die gesellschaftliche Hierarchie widerspiegeln, indem größtenteils Walter und Adam sprechen, während Licht nur auf Aufforderung kurz zu Wort kommt. Das gesellschaftliche Gefüge1 erscheint in dieser Szene somit noch intakt, auch wenn in der Folge erste Risse in ihrem Verhältnis durchscheinen.

Unterwürfigkeit und Schmeichelei als Strategien

Genau wie sein Bediensteter bedient sich Walter eines Grußes, der Gott beinhaltet. Dies steht in Kontrast zu Adams steten Flüchen, die den Teufel anrufen. Somit entsteht von Beginn an ein Gegensatz, der die beiden Personen als zukünftige Antagonisten (Gegenspieler) erscheinen lässt. Adam passt sich diesem Ton zunächst geschickt an und ruft in seiner Entgegnung ebenfalls Gott an, wobei die Wendung „du gerechter Gott" (V. 287) wörtlich genommen für Adam nichts Gutes verheißen kann, angesichts von dessen Missetaten und seiner offenkundigen Misswirtschaft. Seine Entgegnung an Walter ist insgesamt von ausgesuchter Höflichkeit, dabei aber derartig übertrieben, dass sie parodistisch und unglaubwürdig wirkt. Bereits das wiederholte „willkommen“ (V. 285 f.) ist angesichts der bevorstehenden Revision wenig ehrlich. Adam steigert seine Schmeichelei jedoch noch weiter, indem er rhetorisch fragt, wer einen solch „freudigen Besuch“ (V. 288) hätte erwarten dürfen. Diese ohnehin schon völlig übertriebene Freudenbezeugung wird vollends ins Groteske übertrieben, indem Adam den Besuch in den Rang eines Glücksfalls erhebt, den man kaum hätte erträumen dürfen. Die Erwähnung eines Traumes stellt für die Lesenden einen deutlichen Bezug zum vorangegangenen Auftritt her, der die wahren Gedanken Adams bezüglich der anstehenden Revision verdeutlicht hatte.

Walters Mission: Verbesserung des Rechtswesens auf dem Land

Walters entschuldigende Entgegnung bezüglich der Überraschung durch seinen Besuch sowie sein Hinweis darauf, dass sein Besuchsgegenstand ein solcher sei, dass er froh sein müsse, wenn er auch freundlich verabschiedet werde, machen deutlich, dass auch er die Übertreibung erkannt hat. Zunächst ist der Gerichtsrat aber sichtlich bemüht, die Anspannung zu verringern, indem er sein Anliegen erklärt und sich selbst als wohlgesonnen und nicht als potenzielle Bedrohung darstellt. Deutlich wird aber bereits hier sein Amtsverständnis: Er sieht sich auf seiner Reise den Interessen des Staates verpflichtet, was einen Kontrast zu seinem genussfreudigen Vorgänger Wacholder darstellt. Im Staatsauftrag soll er mithelfen, das Rechtswesen auf dem Land zu verbessern, wobei aber in einem ersten Schritt nur eine Sichtung der Rechtspraxis geplant sei, die nur dann zu Konsequenzen für die ländliche Justiz führen solle, wenn der Missbrauch unerträglich erscheine, was durch den Chiasmus[1] „sehen soll ich, nicht strafen“ (V. 302) besonders hervorgehoben wird. Walter stellt sich somit eher als Berater denn als Revisor dar, macht zugleich aber auch deut-

[1] Chiasmus: Überkreuzstellung

lich, dass er groben Missbrauch nicht dulden werde, was angesichts von Adams Amtsführung für diesen eine schlechte Nachricht darstellt.

Aufgeklärte und feudale Justiz: erneute Wissenslücken Adams

Dennoch reagiert Adam scheinbar erleichtert, übertreibt aber in der Wahl seiner Formulierung erneut, indem er die „edle Denkart" (V. 305) lobt. Zudem räumt er ein, dass es im „alten Brauch" (V. 307), dem er sich verpflichtet fühlt, Mängel geben mag, stellt dem aber das ehrwürdige Alter dieser Rechtspflege gegenüber, die er auf Karl V., also auf das 16. Jahrhundert, zurückführt. Dieser stellt er die neue Rechtsauffassung der Frühaufklärung gegenüber, für die er stellvertretend den Namen ihres berühmtesten Vertreters Pufendorf[1] (von Adam falsch „Puffendorf" (V. 312) ausgesprochen) nennt. Die neue Form wird in Adams Darstellung jedoch zu einem Gedankenexperiment herabgestuft („Was lässt sich in Gedanken nicht erfinden?", V. 310), an dem Huisum als ein kleiner Teil der Welt auch nur geringen Anteil nehmen könne. Auf diese Weise soll der Gerichtsrat schon einmal vorbereitet werden, dass das in Huisum Übliche nicht mit den modernen Grundsätzen übereinstimmt.

Versuch Adams, sich herauszureden

Unterwürfig bitte er Walter anschließend um „Aufklärung" (vgl. V. 316), fügt aber listig hinzu, dass diese erst dann zum Tragen kommen werde, wenn Walter abgereist sei, also erst später. Nur allzu richtig bezeichnet er es als ein „Wunder" (V. 321), wenn die heutige Revision schon das gewünschte Ergebnis zeigen werde, da die Justiz „nur dunkel weiß noch, was Ihr wollt" (V. 322), wodurch der Gegensatz zwischen der dunklen Praxis auf dem Land und der hellen Aufklärung aus der Stadt hervorgehoben wird.

[1] Samuel von Pufendorf (1632–1694): Professor für Natur- und Völkerrecht in Heidelberg und Vordenker der Aufklärung

Auf diese Ankündigungen reagiert Walter ambivalent[1], indem er zunächst betont, es würden Vorschriften fehlen, wie es Adam angedeutet hatte, sich dann aber besinnt und die Zahl der Vorschriften als zu hoch bezeichnet. Adam versucht, Walter nach dem Mund zu reden, übertreibt jedoch auch hier: Während Walter die bestehenden Vorschriften nur „sichten" (V. 324) möchte, will Adam gleich metaphorisch „mit einem große[n] Sieb" (V. 325) die überflüssigen Vorschriften aussortieren.

Erster Versuch Lichts, sich in Szene zu setzen

An dieser Stelle bemerkt Walter den Schreiber Licht, der sich sogleich vorstellt und darauf hinweist, dass er schon seit neun Jahren im Amt sei, was ein klarer Hinweis darauf ist, dass er auf eine Beförderung zum Amtsrichter aus ist. Derartige Ambitionen hat er jedoch im Gespräch mit Adam zuvor verneint. An dieser Stelle wird deutlich, dass Adam seinen Schreiber zu Beginn richtig eingeschätzt hat. Adam sieht sich also schon hier einer Situation gegenüber, in der die beiden anderen Amtspersonen ein widersprüchliches Verhältnis zu ihm zeigen.

Mögliche Veruntreuung durch Adam

Im Falle Walters wird dies deutlich, als das Gespräch auf den erwähnten Vorfall in Holla kommt. Walter lässt hier keinen Zweifel daran, dass sich Amtsrichter Pfaul nicht nur der schon in seinem Namen angedeuteten „Unordnung" bzw. „Verworrenheit" (V. 342), sondern sogar der „Veruntreuung" (V. 343) schuldig gemacht habe, was durch die Klimax noch hervorgehoben wird. Dass sofort darauf die Frage nach der Zahl der Kassen erfolgt, zeigt, dass Walter sich auch in Huisum vom Zustand der Verwaltung ein Bild machen will. Adams Antwort, dass es fünf seien, stürzt Walter so in Verwirrung, dass er seine Vermutung als „Wahn" (V. 346, 347) bezeichnet. Der Richter weiß offenbar sofort, mit der Existenz welcher Kasse Walter nicht gerechnet hat,

[1] ambivalent: in sich zwiespältig, widersprüchlich

nämlich der „Rhein-Inundations-Kollektenkasse"[1] (V. 348, 349). Mit dieser unförmigen Wortneuschöpfung karikiert Kleist die sperrige Verwaltungssprache und zugleich den Erfindungsreichtum der Behörden bei der Einführung von Abgaben. Walter bemerkt, dass diese Kasse nicht gefüllt sein dürfte, weil der Rhein nicht über die Ufer getreten sei. An dieser Stelle entsteht beim Leser/bei der Leserin bzw. beim Zuschauer/bei der Zuschauerin zumindest der Verdacht, dass Adam sich durch das ungerechtfertigte Einziehen dieser Abgabe strafbar gemacht haben könnte, sei es durch Unterschlagung oder unrechtmäßige Zinsgewinne, was er gegenüber Licht noch bestritten hatte („Von solchem Vorwurf bin ich rein", V. 152).

Abhalten des Gerichtstages

Allerdings lenkt Walter von diesem Punkt sofort selbst wieder ab, da er wünscht, dem anstehenden Gerichtstag beizuwohnen. Adam scheint dies noch durch Ausreden verhindern zu wollen, doch kommt ihm Licht zweimal zuvor, indem er sowohl die Frage nach dem Gerichtstag bejaht als auch die versammelten Personen als die Kläger benennt. Adam bleibt daher nichts anderes übrig, als mit dem Prozess zu beginnen. An dieser Stelle zeigt sich Licht zum ersten Mal von einer intriganten Seite, da er Adam zwar noch nicht offen in den Rücken fällt, ihm aber den Ausweg versperrt und ihn somit in die Gerichtsverhandlung zwingt.

[1] Rhein-Inundations-Kollektenkasse: Spendenkasse zugunsten Geschädigter nach Überschwemmungen durch den Rhein

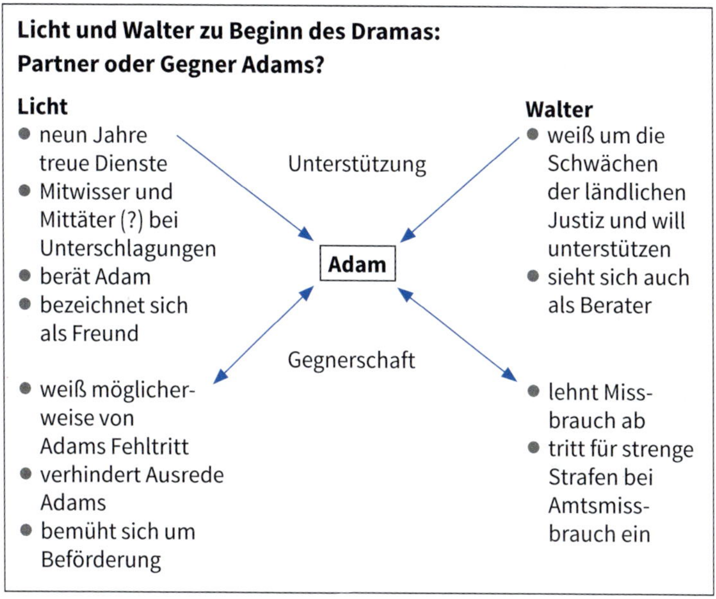

Fünfter Auftritt

Die Bedeutung der Perücke

Der fünfte Auftritt rückt den Verlust der Perücke in den Fokus. Die ausgesandte Magd muss zu ihrem Bedauern melden, dass die Küsterin sich nicht in der Lage sieht, eine Perücke zu verleihen, da ihr Mann die seinige für den Gottesdienst benötige und die Ersatzperücke unbrauchbar sei. Adam reagiert darauf zunächst mit zwei Fragen überrascht, dann mit einem derben Fluch verärgert. Auf das Angebot der Küsterin, die von ihrem Mann getragene Perücke nach dem Gottesdienst zu schicken, geht Adam nicht weiter ein, sondern wendet sich an Walter. Erneut äußert er sich doppeldeutig („Auf meine Ehre", V. 372), was zum einen als eine Höflichkeitsfloskel verstanden werden kann, zum anderen aber auch exakt die Wahrheit beschreibt, denn genau um den mit dem Verlust der Perücke verbundenen Ehrverlust geht es im Kern. Mit einer bewusst unterwürfigen Anrede („gnäd'ger Herr", V. 372) versucht Adam, Walter zu beschwichtigen, bevor er sein Anliegen erklärt. Seine eigentliche Intention bringt er dabei bewusst nicht direkt vor. Er umschreibt zunächst, dass „ein Zufall, ein verwünschter" (V. 373) ihn seiner Perücken beraubt habe, eine Formulierung, die bewusst die Tat und die Verantwortung verschleiert. Er kündigt daraufhin an, den Gerichtstag kahlköpfig halten zu müssen. Walter reagiert durch die Wiederholung des Adjektivs „kahlköpfig" (V. 377) wie erwartet fassungslos.

Versuch der Verschleppung des Gerichtstages

Adam beschwichtigt durch eine Anrufung Gottes erneut und weist auf den drohenden Verlust des Richteransehens hin, der durch eine Prozessführung ohne Perücke drohe. Dies dient vor allem dazu, seinen nächsten Satz vorzubereiten, den er beginnt, ohne den vorangegangenen Satz zu beenden. Er schlägt nämlich vor, einen Boten auf das Vorwerk, also den außerhalb des Dorfes gelegenen Hof, zu schicken, um dort vom Pächter eine Perücke zu leihen. Adam will also offensichtlich auf Zeit spielen, um den Beginn des Prozesses möglicherweise so weit hinauszuzögern, dass Walter abreisen muss. Walter und Adam zeigen dabei ein Amtsverständnis, das davon geprägt ist, dass die Amtstracht einen erheblichen Teil des Ansehens ausmacht. Adam steigert diese Ansicht sogar bis ins Groteske, indem er die Perücke als seinen „Beistand" (V. 378) bezeichnet und sie damit zugleich personifiziert und ihre Bedeutung überhöht, was eine komische Wirkung erzeugt, die als Gegenstandskomik bezeichnet wird. Walter reagiert hierauf erneut mit wiederholenden Ausrufen verärgert, beginnt aber sofort damit, einen Gegenvorschlag zu unterbreiten, nämlich im Ort nach einer Perücke anzufragen. Adam, dem das natürlich ungelegen kommt, lässt Walter nicht ausreden und fällt ihm ins Wort.

Negative Folgen der staatlichen Reformen im Dorf

Der Revisor lässt sich aber nicht beirren und schlägt den Prediger vor. Nun will Adam Gegenargumente vorbringen, wird jedoch von Walter unterbrochen, der stattdessen den Dorfschulmeister vorschlägt. Erneut zeigt sich Adams Schlagfertigkeit, da er sofort entgegnen kann, dass er seit der Abschaffung einer aus dem Feudalismus[1] stammenden Abgabe, des „Sackzehnten" (V. 385), zuungunsten dieser beiden Amtspersonen nicht mehr auf Gefälligkeiten der beiden rechnen könne, da er vor Ort für die Durchführung dieser Regierungsanweisung verantwortlich gewesen sei. Hier zeigt sich schlaglichtartig, dass die von der Regierung in Angriff genommene Reform der Verwaltung sowie die Abschaffung des Feudalismus vor Ort zu erheblichen sozialen Verwerfungen führte, mithin nicht eindeutig positiv zu charakterisieren ist, was auch als Kommentar Kleists zu den Reformen in Preußen verstanden werden kann.[2]
Walters Verärgerung hierüber sowie seine Ungeduld zeigen sich in seiner Antwort, die aus drei Fragen innerhalb eines einzigen Verses besteht, die durch die Wiederholung des Adverbs „Nun" (V. 388) noch dringlicher gestaltet werden. Gesteigert wird dies durch eine weitere ironische Frage („Denkt ihr zu warten, bis die Haar euch wachsen?", V. 389), auf die Adam erneut unfreiwillig doppeldeutig und damit für den Leser/die Leserin bzw. den Zuschauer/die Zuschauerin komisch antwortet (Wortkomik). Sein „Ja" (V. 390) kann einerseits als Ausruf so verstanden werden, dass er natürlich nicht warten will, sondern aufs Vorwerk (Bauernhof außerhalb des Dorfes) schicken lassen möchte. Ebenso verrät Adam hier aber auch unfreiwillig seine wirkliche Intention, nämlich den Prozessbeginn zu verschleppen. Um Walter die Verzögerung schmackhaft zu machen, versucht

[1] Feudalismus: seit dem Mittelalter bestehende Gesellschaftsform, in der grundbesitzender Adel die meisten Herrschaftsfunktionen übernahm
[2] Siehe auch die Informationen zum zeitgeschichtlichen Hintergrund, S. 102 ff.

Adam die Wartezeit durch den doppelten Diminutiv[1] „Ein kleines Halbstündchen“ (V. 391 f.) herunterzuspielen, was der Revisor aber durch den Ausruf „Eine halbe Stunde, was!“ (V. 392) brüsk zurückweist. Adam fordert er stattdessen auf, mit der Sitzung zu beginnen. Erneut entsteht Komik dadurch, dass Adams Antwort ungewollt doppeldeutig ist, denn seine Wiederholung des Imperativs „Macht fort!“ (V. 395) kann vom Leser/von der Leserin bzw. vom Zuschauer/von der Zuschauerin ebenso gut auf das Verfahren oder auf Walter bezogen werden.

Formen der Komik am Beispiel des fünften Auftritts

Personenkomik – Adam als schlagfertige und lügenhafte Person, die durch übertriebene Unterwürfigkeit Walter für sich einnehmen will

Gegenstandskomik – die Perücke und ihre übertrieben große Bedeutung

Wortkomik – Wortspiele und Verdrehungen, z. B. „Ein kleines Halbstündchen“ (V. 391 f.)

Ereignis- und Situationskomik – hier vor allem die Gesamtsituation, dass ein korrupter Richter sich selbst zu schützen versucht und sich dabei immer wieder verrät

Forcierung des Prozessbeginns

Walter weist Adam an, sich den Kopf zu pudern, und treibt ihn weiter zur Eile, wobei er ein Stück weit aus seiner Rolle fällt und seinerseits flucht, wobei man den Fluch „Teufel auch“ (V. 396) ebenso gut auf Adam beziehen kann. Adam versucht daraufhin gleich zweimal, Walter mit einem kleinen Bestechungsversuch in Form eines Frühstücks inklusive Alkohol günstig zu stimmen, was dieser jedoch etwas brüsk ablehnt. Seine Ankündigung, sich etwas in seinem Büchlein vermerken zu wollen, muss angesichts des bisherigen Verlaufs auf Adam bedrohlich wirken. Zudem be-

[1] Diminutiv(um): Verkleinerungsform

merkt Walter an dieser Stelle zum ersten Mal Adams Kopfverletzungen und fragt, ob er gefallen sei. Adam bejaht dies und verweist zugleich auf einen „Mordsschlag“ (V. 406), der ihn beinahe „ins Grab“ (V. 409) gebracht habe. Erneut verrät Adam sich durch seine Wortwahl. Walters doppeldeutige Antwort auf mögliche Folgen dieses Vorfalls könnten darauf hindeuten, dass er bereits zu diesem Zeitpunkt Verdacht geschöpft hat, dass etwas an der Geschichte nicht stimmt. Der Richter versucht daraufhin, sich selbst dadurch aufzuwerten, dass er ausgerechnet sein Pflichtbewusstsein hervorhebt (vgl. V. 412), was angesichts der zuvor gezeigten Zustände in der Registratur komisch wirkt.

Sechster Auftritt

Auftritt der streitenden Parteien

Wenngleich Walter und Licht im Gegensatz zu Adam die Bühne nicht verlassen, wechselt im sechsten Auftritt das Personal, da die Amtsträger im Hintergrund verbleiben, während die Bühne ansonsten Klägern und Beklagten gehört. Der Auftritt beginnt turbulent mit einer Schimpftirade Marthes, die einen offenbar zerbrochenen Krug mit sich führt und ihre Kontrahenten als „krugzertrümmerndes Gesindel“ (V. 414) beschimpft und sie „büßen“ (V. 415) lassen will. Für die Leser/-innen bzw. Zuschauer/-innen, die den Hergang bislang noch nicht kennen, wirkt die Aufregung um eine bloße Sachbeschädigung zunächst eher rätselhaft und zugleich komisch.

Spiel mit Wortbedeutungen (1): entscheiden/scheiden

Das kommende Gespräch ist vor allem von Wortkomik geprägt. Veit, der Vater des Beklagten, versucht, die sich ereifernde Marthe zu beruhigen, erreicht aber nur das Gegenteil. Zunächst versucht er, Marthe dadurch zu besänftigen, dass er darauf verweist, vor Gericht werde sich alles „entscheiden“ (V. 416). Marthe greift dieses Wort auf, fasst seine Bedeutung aber bewusst anders auf: Meinte Veit damit das am Ende der Verhandlung stehende Urteil, versteht Marthe das Wort im Sinne von ‚eine Trennung rückgängig machen' und bezieht es auf den zerbrochenen Krug, dessen Bruch natürlich nicht rückgängig zu machen ist. Das Wort entscheiden wird von ihr dabei in verschiedenen Variationen in nur sechs Versen achtmal verwendet. Sie prophezeit dabei, dass die Entscheidung nur lauten könne, dass der Krug geschieden, also gebrochen bleiben müsse. Auch den Begriff „Schiedsurteil" (V. 421) versteht sie in grotesker Weise in diesem Sinne, nämlich dass das Gericht den Bruch bestätigt, was ihr aber nichts nütze.

Spiel mit Wortbedeutungen (2): ersetzen/ setzen

Der als „Klugschwätzer" (V. 417) beschimpfte Veit unternimmt einen weiteren Anlauf, Marthe zu beruhigen, indem er ihr im Falle eines entsprechenden Gerichtsurteils verspricht, den Schaden zu ersetzen. Erneut greift Marthe das von Veit verwendete Wort auf, verdreht es aber anschließend in seiner Bedeutung. Während Veit für den entstandenen Schaden finanziell aufkommen will, versteht Marthe das Wort im Sinne von ‚setzen'. Sie fordert Veit wiederholt auf, den Krug hinzusetzen und kommt schließlich zu dem Schluss, dass der Krug weder stehen, liegen noch sitzen könne, da ihm das „Gebein" (V. 428), also das Knochengerüst, abhandengekommen sei. Ihre noch zunehmende Aufregung wird durch die Vielzahl der Ausrufe und Imperative unterstrichen.

Spiel mit Wortbedeutungen (3): entschädigen/ Beseitigung des Schadens

Veit versucht daraufhin ein drittes Mal, die Wogen zu glätten, allerdings mit zunehmendem Ärger, den man an seinen rhetorischen Fragen sowie der Wortwahl („geifert", V. 430) erkennen kann. Dieses Mal versucht er es, indem er ankündigt: „Wenn einer ihr von uns den Krug zerbrochen,/Soll Sie entschädigt werden." (V. 431 f.) Mit dieser Formulierung möchte er zugleich die Täterschaft als noch ungeklärt aufzuzeigen, denn außer Ruprecht kommt eigentlich zunächst niemand in Betracht, und niemand kommt je auf die Idee, Veit könne der Täter gewesen sein. Marthe greift jetzt das Wort „entschädigen" auf, beschimpft Veit als „Hornvieh" (V. 433) und nimmt den Begriff diesmal wörtlich im Sinne der vollständi-

gen Beseitigung des Schadens. Dies übersteigert sie dadurch, dass sie ausmalt, dass die Justiz zu Töpfern wird und versucht, den zerbrochenen Krug erneut im Ofen zu brennen, was bekanntlich unmöglich sei. Das Bild von der Justiz in Töpferkleidung steigert für die Leser/-innen bzw. Zuschauer/-innen die Komik dieser Vorstellung noch.
Zum ersten Mal greift nun Ruprecht in den Dialog ein. Auch er äußert sich den Klägern gegenüber beleidigend und bezeichnet Marthe als „Drachen“ (V. 439) und Eve später als „Metze“ (V. 444), also als Prostituierte. Er verflucht sich sogar selbst für den Fall, dass er Eve trotz ihres Fehltritts noch heiraten sollte. Letzteres führt einen neuen Aspekt in den Streit ein. Ruprecht unterstellt Marthe, sie sei gar nicht an einer finanziellen Entschädigung für den Krug interessiert, sondern wolle die Hochzeit zwischen ihm und Eve retten, die „ein Loch bekommen“ (V. 441) habe. Die für Zeitgenossen offensichtliche sexuelle Anspielung und die damit hervortretende Anzüglichkeit der Bemerkung ist im Grunde schon im Motiv des zerbrochenen Kruges angelegt, das auch kunsthistorisch bedeutsam ist. Bereits in der Vorrede hatte Kleist auf einen entsprechenden Kupferstich hingewiesen (siehe S. 14) und angemerkt, dass dieses verlegen an seiner Schürze spielende Mädchen verdächtig wirke („wer ein falsches Zeugnis abgelegt hätte, könnte nicht zerknirschter dastehn“, S. 5, Z. 14 ff.).
Noch deutlicher werden die für Zeitgenossen mit

Jean Baptiste Greuze: Der zerbrochene Krug (1771)

Der (zerbrochene) Krug als zentrales Dingsymbol für den Verlust von Eves Ehre

dem Motiv des zerbrochenen Kruges verbundenen erotischen Implikationen auf einem anderen Bild (s. S. 47). Ein junges Mädchen steht mit sichtlich zerrupfter Kleidung und nur halb bedeckter linker Brust vor einem Brunnen, wobei sie einen zerbrochenen Krug in ihrem rechten Arm hält. Insbesondere auf diesem Bild wird deutlich, dass ein zerbrochener Krug von Kleists Zeitgenossen als eine Metapher für die Entjungferung eines Mädchens verwendet wurde. Zudem finden sich in Ruprechts Aussage weitere Anspielungen aus dem Bereich der Sexualität, insbesondere die Verwendung des Wortes „flicken" (V. 442), das auch im Sinne von ‚stopfen' verstanden werden kann, deutet in diese Richtung. Dass Eve von Ruprecht als Prostituierte beschimpft wird, weist ebenfalls darauf hin, dass es in dem Prozess, der nun bevorsteht, um deutlich mehr geht als um einen zerbrochenen Krug, nämlich um ein voreheliches Abenteuer mit dem für die Frau damit in der damaligen Zeit verbundenen Verlust der Ehre.

Frau Marthe streitet dies zunächst vehement ab. Wie im Streitgespräch mit Veit greift sie auch hier das Wort „flicken" (V. 445) auf und schmückt das Bild der geflickten Hochzeit weiter aus. Sie stellt bildlich dar, dass die Hochzeit nach den Vorgängen des gestrigen Abends wertlos sei, und setzt sie anschließend mit dem unzerstörten Krug gleich: Wenn die Hochzeit noch unversehrt und rein vor ihr stünde, würde sie sie selbst am Kopf des vermeintlichen Bräutigams zerschmettern. Die besondere Betonung der Reinheit des Kruges („blankgescheuert", V. 448) deutet aber bereits an, dass es Frau Marthe um den Nachweis der Unbeflecktheit ihrer Tochter geht, der in Wirklichkeit viel bedeutsamer ist als der zerstörte Krug.

Notlage Eves

Nun kommt zum ersten Mal Eve zu Wort, die versucht, sich an Ruprecht zu wenden, der sie aber dreimal rüde zurückweist. Eves Bitten steigert sich zu einem Flehen („Ruprecht! […] Liebster Ruprecht! […] Ich beschwöre dich.",

V. 453 ff.), was die Größe ihrer Notlage unterstreicht. Ebenso steigert sich aber auch Ruprechts Zurückweisung, wobei er sich allerdings noch zurückhält, um Eve nicht ein weiteres Mal als Prostituierte zu beschimpfen. Eve weist anschließend darauf hin, dass Ruprecht demnächst zur Armee gehen müsse. Sie befürchtet, Ruprecht niemals mehr wiederzusehen, da Krieg herrsche, was sie durch das Wiederholen des Wortes Krieg hervorhebt, und fügt hinzu, er wolle sie doch nicht in solcher Wut verlassen. Dies scheint Ruprecht zum Einlenken zu bewegen, denn er verneint, im Groll von ihr gehen zu wollen. Bereits sein vermeintlich positiver Wunsch „Gott schenk dir so viel Wohlergehen“ (V. 463) wird durch den Nachsatz „als er Erübrigen kann“ (V. 463 f.) wieder entwertet, bevor er zu einer neuen Beleidigung ansetzt, die durch die finale Struktur der vorausgehenden Aufzählung besonders hart wirkt. Selbst wenn er aus dem Krieg gesund und körperlich gestählt („mit erzgegossnem Leib“, V. 465) zurückkehren würde und anschließend ein Alter von 80 Lebensjahren erreichen würde, würde er sie selbst kurz vor seinem Tode noch als Prostituierte beschimpfen.

Ein neuer Heiratskandidat

Hierauf greift wieder Frau Marthe in die Auseinandersetzung ein. Allerdings weist sie dieses Mal zunächst Eve zurecht, sich von Ruprecht fernzuhalten. Anschließend malt sie die Eheschließung Eves mit Marthes angeblichen Wunschkandidaten aus, dem „Herr[n] Korporal […], [dem] würd’ge[n] Holzgebein“ (V. 470 f.). Während die Nennung des Unteroffiziersrangs eine solche Hochzeit eventuell als einen allerdings sehr begrenzten gesellschaftlichen Aufstieg erscheinen lassen könnte, so wird diese Möglichkeit durch die Namensnennung durchkreuzt: Das Adjektiv „würdig“ weist auf einen vermutlich älteren Mann hin, der zudem durch seinen Namen als Kriegsinvalide dargestellt wird. Marthe stellt die beiden Männer dennoch antithetisch einander gegenüber: Der Korporal habe „seinen Stock im Militär geführt“ (V. 472), was auf die harschen Disziplinierungsmethoden damaliger Armeen verweist, in denen einfache Soldaten von ihren Unteroffizieren so häufig geprügelt wurden, dass der Rang des Korporals sogar mit der Verleihung eines entsprechenden Stocks verbunden war. Ruprecht, der als „Maulaffe“ (V. 473), also jemand, der nur staunend herumsteht, beschimpft wird, müsse als Rekrut damit rechnen, mit einem Korporalstock verprügelt zu werden. Korporal Holzgebein wird also von Marthe als jemand dargestellt, der Gewalt über Ruprecht hat und über ihm steht.

Sexuelle Anspielungen

Die Fantasie von solch einer Hochzeit wird von Marthe anschließend weiter ausgeschmückt und läuft vor ihrem Auge wie im Zeitraffer ab, indem Verlobung, Hochzeit und Taufe auf einen einzigen, sogar den gerade ablaufenden Tag fallen sollen. Sogar ihren eigenen Tod würde sie in Kauf nehmen, „wenn ich dem Hochmut erst den Kamm zertreten, der mir bis an die Krüge schwillet“ (V. 478). Auch in dieser Äußerung findet sich wieder eine sexuelle Anspielung in Form des geschwollenen Hahnenkamms, der häufig als Symbol für die männliche Sexualität, aber auch Aggressivität verwendet wird. Dies verbindet Marthe in grotesker Weise mit dem Schicksal des Kruges, der scheinbar von einem „geschwollenen Kamm“ von seinem Sims gestoßen worden ist.

Besänftigungsversuch Eves

Eve versucht ihre Mutter, die sich erneut in Rage geredet hat, zu besänftigen. Durch die förmliche Ansprache („Mutter!“, V. 478) und die wiederholte Aufforderung „Lasst“ (V. 479) versucht sie, Marthe davon zu überzeugen, die Angelegenheit auf sich beruhen zu lassen. Sie macht ihrer Mutter das Angebot, den Krug entweder reparieren oder ihr ihre gesamten Ersparnisse zu überlassen, damit sie sich einen neuen Krug kaufen könne. Sie versteht nicht, warum um einen einfachen Tonkrug so viel Aufhebens gemacht wird.

Marthes Versuch, Eves Ehre zu retten

Marthes Erwiderung zeigt, dass Ruprecht mit seiner anfangs geäußerten Vermutung nicht ganz Unrecht hatte. Sie stellt Eve die rhetorische Frage, ob diese ihre Schande

öffentlich zur Schau stellen und in der Kirche zur öffentlichen Buße gezwungen werden wolle. Marthe setzt den Krug mit Eves gutem Namen gleich, der „vor der Welt“ (V. 491) zusammen mit dem Krug zerstört worden sei.
Es geht Marthe also um die Rettung von Eves Ruf, wenngleich sie mit dem Polysyndeton[1] „vor Gott nicht und vor mir und dir“ (V. 492) beteuert, dass ihr Vertrauen in Eve nach wie vor besteht. Wichtiger ist ihr jedoch der gute Ruf, der umso bedeutsamer für die Familie ist, da Marthe als Hebamme seit dem Tod ihres Mannes eher zu den Randgruppen der dörflichen Gemeinschaft gehört, wie Adam an anderer Stelle bemerkt („Witw' eines Kastellans, Hebamme jetzt/Sonst eine ehrliche Frau“, V. 585 f.).

Der Krug als zentrales Dingsymbol des Dramas

Der Krug bzw. sein Zerbrechen ist ein Symbol für …

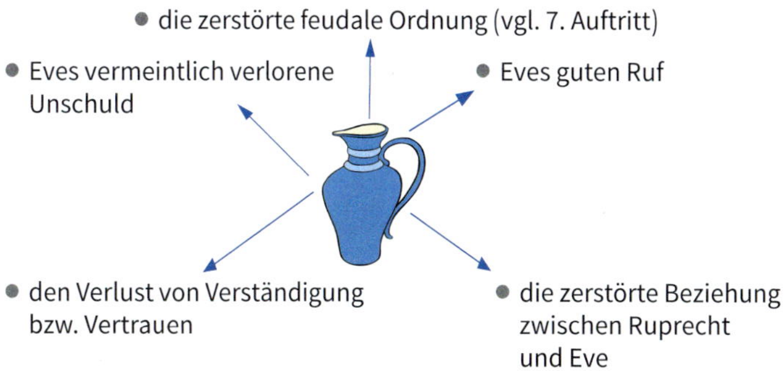

Sie greift anschließend den von Eve ins Spiel gebrachten „Handwerksmann“ (V. 480, 493) auf, der für sie eine Metapher für das Gericht ist, jedoch sofort zu einem Schergen umgedeutet wird, also einem Folterknecht. Ihre Bestra-

[1] Polysyndeton: Aufzählung, deren Teile mit der gleichen Konjunktion verbunden sind (hier: „und“)

fungsfantasien steigern sich vom Pranger über die Auspeitschung bis hin zur Verbrennung, was in keinem Verhältnis zur vorgeworfenen Sachbeschädigung steht. Vom Brennen des Scheiterhaufens schlägt Marthe wieder einen Bogen zurück zum Handwerk, indem sein Feuer die Ehre wieder weiß brennen soll wie beim Glasieren eines Kruges.

Siebenter Auftritt

Der siebte Auftritt steht in doppelter Hinsicht im Zentrum des Dramas. Zum einen befindet er sich genau in der Mitte der insgesamt 13 Auftritte. Zum anderen nimmt er mit mehr als 500 Versen eine Sonderstellung in der Länge ein, indem allein dieser Auftritt mehr als ein Viertel des gesamten Dramas ausmacht (ohne Variant).

Die Gerichtsverhandlung als Zentrum des Dramas

Im Fokus dieser Szene steht die eigentliche Gerichtsverhandlung, deren Beginn unmittelbar bevorsteht, als Adam in Amtstracht, aber ohne Perücke die Bühne betritt. Adam ist sichtlich überrascht, als er nacheinander die Parteien im Gerichtssaal bemerkt. Der immer wieder eingestreute Ausruf (Interjektion) „Ei!“ (V. 498 ff.) unterstreicht seine Aufregung und Verlegenheit. Das Diminutiv „Evchen“ (V. 498), das Adam in der Folge auch im Gespräch mit Eve immer wieder verwendet, deutet an, dass er in einer besonderen Beziehung zu ihr steht. Gleiches gilt für Ruprecht, der als grober „Schlingel“ (V. 498) abgewertet wird. Als Adam auch den Rest der Familien bemerkt, kommt ihm der Verdacht, dass diese ihn anklagen wollen, wodurch der im vierten Auftritt erwähnte Traum an dieser Stelle Wirklichkeit zu werden droht.

Die Andeutungen Eves bleiben folgenlos

Eve fühlt sich in dieser Situation sichtlich unwohl und beschwört ihre Mutter, die sie mit dem Superlativ „liebste“ (V. 501) für sich einzunehmen versucht, diesem „Unglückszimmer“ (V. 502) zu entfliehen. Auffallend ist, dass Marthe hierauf gar nicht reagiert, obwohl ihr doch nicht klar sein kann, warum das Gerichtszimmer ein Unglückszimmer sein soll. Dies ist einer von sich in der Folge häufenden Hinweisen, dass die Beteiligten einander nicht zuhören und dadurch die Aufklärung des Tathergangs verschleppen.

Lichts Anspielung auf Shakespeares Komödie „Viel Lärm um nichts“

Adam wendet sich in dieser Situation an seinen Schreiber Licht, um Näheres über die Umstände des Falles zu erfahren. Licht reagiert mit einer Gegenfrage unwirsch, zugleich aber auch vieldeutig, denn die Bezeichnung des Falls als „Lärm um nichts“ (V. 504) stellt eine Anspielung auf Shakespeares Komödie „Viel Lärm um nichts“ (1599) dar, in der es unter anderem um eine verleumdete und zu Unrecht beschuldigte Braut geht, die am Ende wieder mit ihrem Bräutigam vereint wird. Parallelen zu dem nun folgenden Geschehen sind unverkennbar, auch wenn die Äußerung Lichts zunächst einmal nur zum Ausdruck bringen soll, dass es um „Lappalien“ (V. 504), also Kleinigkeiten geht. Auch hier kann der Verdacht, dass Licht zu diesem Zeitpunkt bereits um die weiteren Umstände weiß, nicht völlig ausgeräumt werden, wenngleich er in der Folge keine weiteren Andeutungen macht.

Schmeichelei als Strategie

Lichts Aussage kann Adam jedoch keineswegs beruhigen, sondern versetzt ihn sogar noch mehr in Unruhe. Mit drei kurzen Ausrufen zeigt er dies und fragt Licht anschließend, wer den Krug zerbrochen habe, wobei er durch das einigermaßen unpassend wirkende Diminutiv „Gevatterchen“ (V. 507) seine Freundlichkeit gegenüber seinem Untergebenen weiter steigert. Licht antwortet jedoch nur mit einer Gegenfrage und fordert den Richter auf, mit dem Prozess zu beginnen.

Hierauf wendet Adam sich schmeichlerisch an Eve und versucht, sie in ein Gespräch zu verwickeln. Eve weist jedoch alle Versuche Adams brüsk zurück und setzt sogar zu einer Drohung an, die sie jedoch nicht beendet („Wenn er nicht gleich –“, V. 513). Auffallend ist zudem, dass sie den Dorfrichter in der Er-Form anspricht, die eigentlich nicht gegenüber Ranghöheren verwendet wurde. Ihre Anrede kommt also einer Respektlosigkeit gleich.

Versuch Adams, den Prozess abzuwenden

Diese Zurückweisung ist genug, um Adam endgültig aus dem Gleichgewicht zu bringen, denn dieser wendet sich nun an Licht und kündigt an, sich krankmelden zu wollen. Licht reagiert hierauf vollkommen fassungslos, was sich in einer Kette von elliptischen Fragen und durch Gedankenstriche markierten Unterbrechungen äußert. Ob seine Aufforderung, sich mit diesem Anliegen an den Gerichtsrat zu wenden, Ausdruck seiner Fassungslosigkeit ist oder einen Versuch darstellt, bereits hier Adams Amt zu übernehmen, bleibt offen.

Übergang zu Drohungen

Nachdem dieser Versuch gescheitert ist, wendet sich Adam wieder an Eve und fleht sie an, ihm zu sagen, worum es bei der Klage gehe. Die Beschwörungsformel „Um alle Wunden" (V. 521) lässt sich zunächst auf die Wunden Christi am Kreuz beziehen, wirkt hier jedoch komisch, da die Leser/-innen bzw. Zuschauer/-innen sie natürlich ebenso gut auf den lädierten Zustand Adams beziehen kann. Adam stellt eine Kette kurzer Fragen, auf die Eve ebenso knapp antwortet, und bekommt so aus der weiterhin widerstrebenden Eve heraus, dass es nur um den zerbrochenen Krug gehe. Das dabei insgesamt viermal aufgegriffene bzw. variierte Wort „nichts" (V. 525) verdeutlicht aber, dass am vergangenen Abend noch etwas anderes, sehr viel Schwerwiegenderes vorgefallen sein muss.

Änderung der Gesprächstaktik

Hierdurch gewinnt Adam seine Selbstsicherheit zurück, und er ändert seine Gesprächstaktik, indem er von Schmeicheleien und Flehen zu Drohungen übergeht. Er erwähnt ein Attest, in dem Ruprechts Name „in Frakturschrift"[1] (V. 529) geschrieben stehe, womit der Richter den amtlichen Charakter des Attests verdeutlichen möchte.

---

[1] Frakturschrift: seit Mitte des 16. Jahrhunderts am häufigsten verwendete Druckschrift – auch in offiziellen Schreiben

Ihren trotz des ernsten Charakters komische Wirkung erzielt diese Drohung, indem Adam sie immer weiter ausschmückt. Er knistert mit dem in seiner Tasche versteckten Papier und behauptet, Eve könne schon einmal mit dem Schneidern von Trauerkleidung beginnen, wenn Ruprecht in spätestens einem Jahr „krepiert" (V. 535) sei. Adam nimmt sogar schon die möglichen Krankheiten vorweg, denen Ruprecht in der holländischen Kolonie Batavia (im heutigen Indonesien) erliegen könnte. Diese Zusammenstellung wirkt komisch, weil auf das zwar lebensgefährliche, aber nur in Afrika und Südamerika verbreitete Gelbfieber die Kinderkrankheit Scharlach sowie wiederum das lebensgefährliche Faulfieber folgen. Es zeigt sich hier einmal mehr Adams Talent, ad hoc Geschichten zu erfinden und diese immer weiter auszuschmücken.

Walters Mahnung, das Prozessrecht einzuhalten

Hierbei wird Adam jedoch von Walter unterbrochen, der ihn an die Prozessordnung gemahnt, nicht vor der Verhandlung mit den Parteien zu sprechen. Adam ist darüber so verwirrt, dass er den Revisor versehentlich mit „er" anspricht, sich aber sogleich verbessert. Trotz der Ermahnung durch Walter ist Adam nach wie vor in Gedanken versunken und kann sich zu einem Prozessbeginn nicht durchringen. Der vor sich hin gesprochene Satz „– Es klirrte etwas, da ich Abschied nahm –" (V. 546) verdeutlicht einmal mehr, dass der Richter am Abend zuvor im Hause der Rulls gewesen ist und er als Täter zumindest infrage kommt, wenngleich die Formulierung „Abschied nehmen" natürlich ein Euphemismus[1] für seine Flucht ist. Licht schreckt Adam aus seinen Gedanken auf, woraufhin es zur völligen Verwirrung kommt. Seine begonnene Frage „Seid ihr –?" (V. 547) verneint Adam mit dem Verweis auf seine Ehre. Seine angehängte Erklärung bezieht sich dann auf

[1] Euphemismus: beschönigende Formulierung

die Perücke, die er behutsam über den Krug gehängt zu haben glaubt.

Verwirrte Kommunikation

Er vermutet an dieser Stelle also, für das Zerbrechen des Kruges die Verantwortung zu tragen, wenngleich er nicht ganz sicher zu sein scheint („Und müsst ein Ochs gewesen sein –“, V. 549). Dies kann Licht natürlich nicht verstehen, worauf die Kommunikation völlig in Verwirrung gerät und sich beide Seiten verständnislos Fragen stellen, deren Zusammenhanglosigkeit durch die Satzabbrüche weiter betont wird. Erst nach mehreren Anläufen gelingt es Licht, Adam auf den zunehmend ungeduldiger werdenden Walter hinzuweisen. Der Richter sammelt sich daraufhin mit der Aussicht, dass nur zwei Fälle vor ihm liegen, wobei offenbleibt, wieso er von zwei Fällen ausgeht. Auch seine Selbstermunterung „wenn's nicht biegt, so bricht's“ (V. 554) ist im Hinblick auf den für Adam negativen Ausgang eher zweideutig. Mit einem dreifachen „Gleich!“ (V. 555) sammelt er sich und fragt, ob er den Prozess beginnen solle. Walter zeigt sich über die scheinbare Zerstreuung verwundert.

Adams Erfindungsgabe

Der Richter erfindet daraufhin eine kuriose Geschichte über ein angeblich krankes Perlhuhn, bei dessen Rettung Eve ihm helfen solle. Seine Frage, ob er den Prozess „nach den Formalitäten, oder so,/Wie er in Huisum üblich ist“ (V. 567 f.) führen solle, zeigt erneut, wie weit man selbst nach Adams eigener Einschätzung in Huisum von den juristisch üblichen Prozessformen entfernt ist. Wie kaum anders zu erwarten, reagiert Walter hierauf ungnädig und betont, dass für ihn beide Verfahrensweisen identisch sein müssen, es also nur eine gültige Form der Prozessführung gibt. Adams darauf folgende Beschwörungsformel von der Gerechtigkeit, die ihren Lauf nehmen soll, kann angesichts der Vorgeschichte von diesem nicht ernst gemeint sein.

Versuch der Verzögerung des Prozesses durch umständliche Formalien

Sofort zeigt sich dann auch, dass Adam nicht an einer korrekten Prozessführung gelegen ist, sondern an einer Verschleppung, indem er die Klägerin, die ihm natürlich bestens bekannt ist, umständlich nach ihren Personalien befragt. Dass Licht ihn nur halblaut darauf hinweist, dies zu unterlassen, ist ein Indiz, dass er Adam zu diesem Zeitpunkt noch unterstützt. Auf Walters Frage, ob ihm Marthe bekannt sei, lässt Adam durchblicken, dass er die Familie sehr gut kennt und über ihre sozialen Verhältnisse genau informiert sei. Walter weist ihn daraufhin auf die Regeln und Verfahrensweisen der Prozessordnung hin und ermahnt ihn, lediglich „dem Amte wohlbekannt“ (V. 590) ins Protokoll aufzunehmen.

Forcierung des Prozesses durch Missachtung aller Formalien

Adam missversteht dies als Freibrief, nicht weiter auf Formalitäten zu achten. Er möchte das Verfahren dahingehend abkürzen, dass auch der Prozessgegenstand und der Schuldige bereits als bekannt in das Protokoll aufgenommen werden können. Er schneidet Marthe, die jeweils zu einer längeren Aussage ansetzen will, jedes Mal das Wort ab und will Licht das Protokoll diktieren. Licht, dem klar ist, dass dies gegen die juristischen Regeln ist, versucht Adam aufzuhalten, aber auch er wird jeweils prompt unterbrochen. Selbst den Täter legt Adam Marthe in den Mund und bezeichnet Ruprecht als „Schlingel“ (V. 603); er ist dem Angeklagten gegenüber also voreingenommen. Als Ruprecht sich verteidigen will, wird er beleidigt („Schweig, Maulaffe!“, V. 606). Insgesamt widerspricht seine Art der Prozessführung auch für Laien jeglichen juristischen Regeln.

Mängel in der Prozessführung bei Prozessbeginn

- Rücksprache mit Zeugen/Zeuginnen vor Beginn der Verhandlung
- Verschleppung des Verfahrens durch überflüssige Formalitäten
- Unterbrechung der Klägerin bei ihrer Aussage zum Gegenstand der Klage
- Verzicht auf Beweisaufnahme
- Befangenheit gegenüber dem Angeklagten
- Verbot für den Angeklagten, sich zu verteidigen

Adam scheint mit dem Prozessverlauf hochzufrieden und muntert sich selbst auf, was durch eine Häufung von Alliterationen besonders betont wird („Auf, aufgelebt, du alter Adam!", V. 605). Als er daraufhin den Prozess für beendet erklären will, unterbricht ihn Walter mit dem Hinweis auf die Gewaltsamkeit des Verfahrens[1]. Licht nutzt dies dazu, Adam auf die Einhaltung der Form hinzuweisen, auch um an dieser Stelle seine eigene Kompetenz zu betonen. Dieses ignoriert Adam ausgerechnet mit Hinweis auf Walter, der Förmlichkeiten nicht liebe (vgl. V. 613).

Mängel der Prozessführung

Erst jetzt kommt Walter mit einem längeren Beitrag zu Wort, mahnt erneut die Einhaltung der Prozessordnung an und droht Adam zum ersten Mal mit der Amtsenthebung und seiner Ersetzung durch Licht. Dass Walter angesichts der gravierenden Mängel (siehe S. 57) seinen Worten nicht sogleich Taten folgen lässt, zeigt, dass dieser seinem zur Begrüßung erläuterten Grundsatz, auf dieser ersten Reise vor allem prüfen zu wollen (vgl. V. 301 ff.), treu bleibt.

Adam versucht, die offensichtlichen Mängel seiner Prozessführung dadurch zu erklären, dass er sich auf Walters Äußerungen beruft. Walter schärft ihm daraufhin noch einmal ein, dass für ihn das vor Ort übliche und das gesetzlich festgelegte Verfahren identisch sein müssen.

Adams Art der Prozessführung als Beispiel für die Mängel der feudalen Rechtsprechung

Den hier zugrunde liegenden Rechtskonflikt zwischen einerseits kodifiziertem[2] modernen und andererseits auf mündlicher Tradition beruhendem althergebrachten Recht versucht Adam in der Folge zu erläutern. Um seriöser zu wirken und das angeschlagene Vertrauen in seine juristische Kompetenz wiederherzustellen, streut Adam lateinische Fachbegriffe in seine Ausführungen ein, verwendet diese jedoch falsch. So sind zum Beispiel die von ihm ange-

---

[1] Gewaltsamkeit des Verfahrens: gewaltsame Prozessführung ohne Achtung der Formalitäten

[2] kodifiziert: schriftlich in einem Gesetzeswerk festgehalten

führten mündlichen Statuten (vgl. V. 627 ff.) ein Widerspruch in sich, da Statuten immer schriftlich festgelegt sind. Durch seine Wortwahl versucht Adam, diese vermeintlichen Statuten aufzuwerten, indem er sie als bewährte Tradition bezeichnet (vgl. V. 629 f.) und dabei sorgsam vermeidet, die unsichere mündliche Form direkt zu erwähnen. Zugleich behauptet er nun aber, auch in den Gepflogenheiten des kodifizierten Rechts bewandert zu sein, was er durch seine vage Aussage „Wie sie im Reich mag üblich sein" (V. 633) teilweise selbst widerlegt. Ausgesprochen doppeldeutig ist auch seine Behauptung, er „könne Recht so jetzt, jetzo so"[1] erteilen" (V. 635), die durch den Chiasmus noch besonders hervorgehoben wird, denn streng genommen bedeutet sie eine Beliebigkeit des Rechts und stellt somit die im Drama angelegte Justizkritik heraus.

Der Krug als Sinnbild für das Zerbrechen der alten Ordnung

Adam erhält von Walter die Erlaubnis, den Prozess noch einmal von vorn zu beginnen. Als Marthe aufgefordert wird, ihre Klage vorzubringen, erklärt sie, zunächst beschreiben zu müssen, welche Bedeutung der Krug für sie gehabt habe, was ihr von Adam gestattet wird. Was nun mit nur wenigen Unterbrechungen folgt, wird zum mit Abstand längsten Redebeitrag des gesamten Dramas, der sich über mehr als 180 Verse erstreckt. Marthe beginnt weitschweifig zunächst mit einer Beschreibung des auf dem ursprünglich reich verzierten Krug dargestellten Geschehens. Dieses zeigte einen entscheidenden, wenn auch für die Niederländer nicht unbedingt glücklichen Moment ihrer Geschichte. Dargestellt war die Übergabe der niederländischen Provinzen durch den spanischen König Karl V. (1500 – 1558) an seinen Sohn und Thronfolger Philipp II. (1527 – 1598). Zu dieser Zeit waren die protestantischen Niederländer schon in einen Konflikt zu ihrem spanischen Herrscherhaus geraten, und die un-

[1] entweder so oder so

nachgiebige Politik Philipps II. verschärfte diesen noch, sodass es zu einem langen Krieg zwischen den Spaniern und den Niederländern kam, der erst 1648 mit der Unabhängigkeit der Niederlande endete.[1] Das auf dem Krug abgebildete Geschehen zeigte also genau den Moment, der mit ausschlaggebend für die niederländische Unabhängigkeitsbewegung war und letztlich zur Gründung eines eigenen Staates mit republikanischer Staatsform führte. Hierdurch gewinnt der Krug bzw. sein Zerbrechen eine weitere symbolische Bedeutung, nämlich als Versinnbildlichung des revolutionären Bruchs mit der alten Ordnung.

Die Beschreibung des Kruges: Gleichsetzung von Darstellung und Dargestelltem

Kleist bezog die Inspiration für die Beschreibung aus einer Illustration, die ihm beim Lesen der Geschichte der Niederlande aufgefallen war.[2] Er ironisiert durch seine Art der Darstellung in Form der Rede Marthes jedoch das Geschehen und gibt die vermeintliche Erhabenheit des Moments damit der Lächerlichkeit preis. Dies beginnt damit, dass, wie Marthe ausführt, von dem am rechten Rand des Geschehens stehenden Kaiser Karl nur noch die Beine übriggeblieben seien. Gleiches gilt für seinen vor ihm knieenden Sohn Philipp, von dem nur noch das Hinterteil zu sehen sei, was als kleine Anzüglichkeit der Schilderung zusätzliche Komik verleiht. Die hierin enthaltene Anspielung auf den Sturz einer Monarchie ist zeitgenössischen Leser/-innen bzw. Zuschauer/-innen, die die Französische Revolution (1789 – 1799) unmittelbar vor Augen gehabt haben dürften, sicherlich nicht entgangen. Komisch wirkt das dargestellte Geschehen auch und vor allem dadurch, dass Marthe Darstellung und Dargestelltes in eins setzt. Sie beschreibt den Krug so, als seien die Figuren auf dem Krug lebendig und würden nicht etwa aus Rührung über das Geschehen weinen, sondern über den Bruch des Kruges

[1] Informationen zum historischen Hintergrund, s. S. 111 ff.

[2] S. ebd., S. 111.

(vgl. V. 657 ff.). Andere Figuren könnten wegen der weggebrochenen Schwerter, auf die sie sich stützten, ihr Gleichgewicht nicht mehr halten (vgl. V. 663) oder müssten wie ein Neugieriger, der aus einem Fenster blickt, nunmehr in das im Krug gähnende Loch starren (vgl. V. 673 f.). Auch die katholische Kirche wird Ziel des Spotts, indem Marthe erklärt, den Erzbischof von Arras, der als Minister maßgeblich für die Verschlechterung des Verhältnisses zwischen Spanien und den Niederlanden verantwortlich war, habe „der Teufel ganz und gar geholt" (V. 668). Seine Figur ist also komplett verschwunden. Immer wieder fordert Marthe das Gericht zum genauen Betrachten auf („Hier Häuser, seht, [...], V. 672), kann aber auch damit nicht verhindern, dass Adam sie unterbricht und bemerkt, dass die Beschreibung nichts zur Sache tue. Dass er behauptet, das Gericht sei am Loch und nicht an den darauf abgebildeten Provinzen interessiert, ist angesichts der Tatsache, dass es sich um ein niederländisches Gericht handelt, unfreiwillig komisch.

Darstellung des Kruges als Familienerbstück

Marthe fährt unbeirrt mit einer Schilderung fort, wie der Krug in ihre Familie gelangt und was dort mit ihm geschehen sei. In Familienbesitz gelangte er während der Eroberung der Stadt Briel, als ein Vorfahr mit dem herrschaftlichen Namen Childerich einen Spanier, der den Krug mit Wein gefüllt habe, von hinten überrumpelt habe. Anschließend habe er den Krug geleert und sei gegangen. Dies imponiert Adam sehr, was bei diesem genussorientierten Menschen nicht verwunderlich ist. Dass er ausgerechnet einen Wassergeusen (eine Art Pirat) als „würdig" (V. 687) bezeichnet, wirkt jedoch komisch.

Der erste Besitzer: ein Pirat

Der zweite Besitzer: ein Totengräber

Der nächste Besitzer des Kruges ist entsprechend der lebhaften Schilderung Marthes ein Totengräber mit dem sprechenden Namen Fürchtegott gewesen, der im Gegensatz zu seinem Vorfahren abstinent gelebt und selten getrunken hat, aber in hohem Alter mit einer jungen Frau noch 15 Kinder gezeugt und diese überlebt hat. Auch dies imponiert

Der dritte Besitzer: ein Schneider

Adam, was zu seinem Verhalten gegenüber Eve passt. Ist schon die Geschichte des kinderreichen Fürchtegott schier unglaublich, so gilt dies umso mehr für die folgende: Ein Schneider mit dem Namen Zachäus soll den Krug samt seinem Hausrat aus einem brennenden Haus während einer Belagerung geworfen haben, dann gesprungen sein, wobei er sich den Hals, also das Genick, gebrochen habe. Unglaubwürdig wird die Geschichte dadurch, dass Marthe vorher beteuert, dies habe Zachäus ihrem Mann selbst erzählt, was kaum möglich ist.
Nun verliert Adam zusehends die Geduld und bittet wiederholt, „Zur Sache! " (V. 705) zu kommen. Marthe lässt sich aber auch davon nicht beirren und will mit der Schilderung der Feuersbrunst von 1666 fortfahren. Adam wird daraufhin zunehmend ärgerlicher, wobei ihm auch, wenngleich höflich, Walter beipflichtet, der darauf hinweist, dass diese Informationen für das Gericht unnötig seien. Marthe besteht jedoch auch Walter gegenüber auf ihrem Rederecht, indem sie ein weiteres Mal die Bedeutung eines Wortes anders auffasst, in diesem Falle „klagen". Statt den Gegenstand der Klage zu nennen, möchte sie *über* etwas klagen, und hierzu sei die Beschreibung notwendig. Auch Walter wird nun immer ärgerlicher, was an der fünffach wiederholten Frage, was dem Krug im Jahr 1666 geschehen sei (vgl. V. 720 ff.), erkennbar wird. Dadurch, dass Marthe diese Frage noch einmal wiederholt, wird die Spannung auf die Antwort gesteigert: Dass diese darin besteht, dass dem Krug gerade nichts geschehen ist, wirkt erheiternd und komisch. Dazu trägt auch bei, dass nach Marthes Aussage der Topf am Folgetag unbeschädigt aus dem Feuer gezogen worden sei, und zwar glasiert und „glänzend,/Als käm er eben aus dem Töpferofen" (V. 728 f.). Der Krug ist gewissermaßen ein zweites Mal hergestellt worden, er hat ein zweites Leben erhalten, was ihn umso wertvoller macht.

Überhöhung des Kruges

Sie beendet ihre Rede mit der Anklage dessen, der den Krug zerbrochen haben soll. Das Gefäß wird dabei durch immer neue Einschübe, die mit dem Verweis „den Krug" (V. 732 ff.) beginnen, ständig in seinem Wert gesteigert. Zunächst behauptet sie, selbst die Scherben seien noch einen unversehrten Krug wert, dann soll der Krug sogar als Trinkgefäß einer „Erbstatthalterin"[1] (V. 735) würdig gewesen sein, was schon allein deshalb absurd erscheint, weil eine adelige Dame kaum aus einem Krug trinken würde. Durch die vielen Einschübe gewinnt der Satz eine finale Struktur, durch welche die am Schluss erfolgte Nennung des Angeklagten als Täter besonders hervorgehoben wird.

Der Tathergang aus Marthes Sicht

Ruprecht bestreitet dies, wird von Adam jedoch zurechtgewiesen, der besonders darauf beharrt, dass dies im Protokoll festgehalten wird. Er meint damit vor allem seine Zurechtweisung, die Reaktion Lichts („Oh, ja.", V. 741) hierauf bezieht sich jedoch erkennbar auf den Nachsatz, dass Ruprechts Aussage noch folgen werde, auch dies wieder ein Hinweis darauf, dass Licht zumindest ahnt, dass Ruprechts Aussage Adam noch in Schwierigkeiten bringen wird. Der Richter schmeichelt Marthe („würdige Frau Marthe", V. 742) – schließlich entlastet sie ihn – und fordert sie auf, den Tathergang zu schildern, unterbricht sie jedoch sofort, als sie mit der Tatzeit beginnt. Adam hofft offenbar, dass Marthe von 11 Uhr morgens spricht, denn er fragt sie nicht, sondern stellt es mit einem Ausruf fest. Dies würde ihn als Tatverdächtigen ausschließen, doch Marthe spricht von der Abendzeit, als sie ins Bett gehen wollte. Gegen 11 Uhr am Abend habe sich ein Tumult im Zimmer ihrer Tochter ereignet, den Marthe mit martialischen[2] Vergleichen („als ob der Feind einbräche", V. 748) und drastischen Formulierungen („die Kammertür gewaltsam eingesprengt", V. 750) in sei-

[1] Erbstatthalterin: Vertreterin des Kaisers in den Niederlanden

[2] martialisch: kriegerisch, Furcht einflößend

nem Ausmaß übertreibt. Die Entdeckung des zerbrochenen Kruges zögert sie in ihrer Erzählung durch eine wiederholte rhetorische Frage hinaus (vgl. V. 753), erst dann erwähnt sie die um Fassung ringende Eve sowie Ruprecht. Dass dieser „Euch" (V. 757), also Adam, getrotzt[1] haben soll, ergibt an dieser Stelle eigentlich keinen Sinn und ist wohl eher Marthes Aufregung geschuldet, stellt aber eine Anspielung auf den wahren Täter dar. Adam kommentiert dies auch entsprechend mit einem Ausruf („Ei, Wetter!", V. 758), den Marthe aber nicht versteht. Sie fährt mit ihrer Erzählung fort.

Marthes Temperament

Erneut lässt sie sich von ihrem Zorn fortreißen und schildert übertreibend, sie habe sich gefühlt, als ob ihr zehn Arme wüchsen, die allesamt wie „Geier" (V. 761) ausgerüstet gewesen seien, was sich wahrscheinlich darauf beziehen soll, dass sie bereit gewesen ist, sich blitzschnell auf ihre Beute zu stürzen. Daraufhin habe sie Ruprecht zur Rede gestellt. Sie unterbricht die Wiedergabe mit einer sich steigernden Schimpftirade, die darin gipfelt, ihn gerädert sehen zu wollen (vgl. V. 767). Die Forderung nach der Todesstrafe in ihrer grausamsten Form ist angesichts des Tatvorwurfs grotesk, unterstreicht aber Marthes Wut. Erst dann erklärt sie, dass Ruprecht einen anderen aus dem Zimmer habe entweichen sehen. Auf ihre Frage an Eve, ob Ruprecht den Krug zerbrochen habe, habe Eve „Wer sonst" (V. 779) geantwortet und dies beschworen.

Eves Weigerung, zu schwören

Bereits die dreifache Beantwortung von Marthes Frage nach der Täterschaft mit den Gegenfragen („Was denkt Ihr Mutter auch?", V. 778, „Wer sonst, sagt sie, – und wer auch konnt es anders?", V. 779) in Verbindung mit dem nicht zu Ende geführten Satz (Aposiopese) machen deutlich, dass Eve versucht auszuweichen. Noch deutlicher wird dies im anschließenden Streit zwischen Eve und Marthe, ob Eve

[1] getrotzt: sich gewehrt hat gegen („Euch")

beschworen hat, dass Ruprecht den Krug zerbrochen habe. Dies verneint Eve gleich zu Beginn mehrfach und bezichtigt ihre Mutter dabei sogar der Lüge. Ruprecht fühlt sich dadurch bestätigt, wird jedoch von Adam rüde zurechtgewiesen, der ihm sogar in drastischer Form Prügel androht („Soll hier die Faust den Rachen dir nicht stopfen!“, V. 784), da er natürlich kein Interesse an einer Entlastung Ruprechts hat, weil dadurch die Enthüllung seiner Täterschaft wahrscheinlicher würde.

Eve schwächt ihren Vorwurf der Lüge ab und behauptet nur noch, ihre Mutter habe dies „verfälscht“ (V. 786), beharrt aber darauf, nichts geschworen zu haben, was durch die dreifache Wiederholung des Indefinitpronomens[1] „nichts“ (V. 789) sowie einen Chiasmus („schwor ich, […] hab ich geschworen“, ebd.) hervorgehoben wird. Adam versucht, die Situation zu beruhigen, appelliert dabei unfreiwillig komisch ausgerechnet an die Vernunft und bezeichnet Marthe und Eve andererseits als „Kinder“ (V. 789). Licht hat allerdings weiter Verdacht geschöpft, was jedoch nicht weiter kommentiert wird, denn Eve beteuert nun nochmals, dass sie nicht geschworen habe, paradoxerweise in Form eines Schwurs.

Erneuter Beeinflussungsversuch Adams durch Erpressung und Schmeichelei

Erneut greift nun Adam in rechtswidriger Weise in den Prozess ein. Zunächst beschwichtigt er die Parteien, die er als „Leutchen! (V. 795) verniedlicht, insbesondere Marthe, die er zudem ermahnt, Eve nicht einzuschüchtern. Genau dies tut er anschließend in kaum verhohlener Weise selbst, indem er Eve auffordert, sich daran zu erinnern, was geschehen Eve und was noch geschehen könne, eine Anspielung auf das Schicksal, das Ruprecht in Batavia droht, worüber er und Eve zu Beginn des siebten Auftritts gesprochen haben (vgl. V. 528 ff.). Diese Drohung wird durch den mit einem Gedankenstrich unterbrochenen Satz und die einge-

[1] Indefinitpronomen: unbestimmtes Fürwort

schobene Aufforderung, so zu sprechen, „wie sie soll“ (V. 800), noch deutlicher. Adam will, dass Eve ihre Aussage vom Vortag bestätigt, und er kündigt dies auch an, verbunden mit dem Hinweis, auf den Schwur zu verzichten, da ihm klar geworden ist, dass Eve aus Angst um ihr Seelenheil diese Aussage nicht beschwören wird. Dies wird nun Walter zu viel, der den Richter ermahnt, derartige Zweideutigkeiten zu unterlassen. Nun ändert Marthe ihr Verhalten gegenüber Eve und nennt sie ihrerseits eine „liederliche Dirne“ (V. 807), falls sie einen anderen Namen als Ruprecht nennen würde, beruft sich aber darauf, dass Eve am Tag zuvor Ruprecht in der besagten Form genannt habe, vielleicht auch, ohne es zu beschwören.

Adam ermuntert trotz Walters erneuter Ermahnung Eve, ihre Aussage zu bestätigen, wobei er nun wieder zum Mittel der Schmeichelei greift und sie, beinahe anzüglich, als „Herzens-Evchen“ (V. 815) anspricht. Eve antwortet auf die Frage, ob sie das Erwähnte am Tag zuvor so gesagt habe, erneut nur mit einer Gegenfrage, was Adam aber reicht, Licht dazu aufzufordern, dies als Faktum ins Protokoll aufzunehmen.

Walters Drohung mit Amtsenthebung

Nun verliert Walter die Geduld und äußert erstmalig den Verdacht, dass Adam selbst der Täter sein könnte, wenngleich in konjunktivischer, von ihm selbst noch nicht ernst gemeinter Form. Walter stößt sich an dieser Stelle vor allem an der Verletzung der Form, dass Eve an der Reihe sei, auszusagen. Das starre Festhalten an der Form führt allerdings auch dazu, dass die Aufdeckung der Wahrheit weiter verzögert wird. Adam beteuert seine mangelnde Vertrautheit mit der Prozessordnung und bezeichnet dies als geradezu menschlich. Stattdessen solle Walter ihm raten, wer zu befragen sei. Auf diese Zurschaustellung von Unwissenheit reagiert der Revisor verärgert. Das dreifach wiederholte Verb „fragt“ (V. 833 f.) zeigt seine Ungeduld. Zudem kündigt er an, dass dies „die letzte Sache [ist], die Ihr führt“ (V. 835), womit nur die Amtsenthebung Adams gemeint sein kann.

Diese Äußerung wird von Adam jedoch nur auf den derzeitigen Prozesstag bezogen. Aus dem sichtenden Informationsbesuch droht nun doch eine Bestrafung zu werden. Der Richter versucht nun noch einmal, mit der Geschichte vom erkrankten Perlhuhn um Verständnis für seine wirre Prozessführung zu werben. Dabei wird für die Leser/-innen bzw. Zuschauer/-innen deutlich, dass Adam beim Perlhuhn („Dass es/Krepiert wär an der Pest in Indien" ‚V. 838 f.) zugleich an Ruprecht und vor allem an Eves Aussage denkt („Schluckt mir das Aas die Pille nicht herunter,/ Mein Seel, so weiß ich nicht, wie's werden wird", V. 843 f.).

Lichts schwindende Loyalität

Es folgt die Aussage Ruprecht Tümpels, dem jedoch in unzulässiger Weise von Adam nahegelegt wird, sofort zu gestehen, indem er ihn auffordert, seine Unschuld zu beweisen – erneut ein schwerer Verstoß gegen juristische Prinzipien. Als der Richter Marthe beruhigt, es werde sich alles finden, greift Walter erneut ein und droht, Licht den Prozess führen zu lassen, was Adam abtut, während Licht zu erkennen gibt, dass er nicht abgeneigt wäre (vgl. V. 864). Angesichts der offenkundigen Prozessmängel beginnt seine Loyalität gegenüber dem Richter zu schwinden. Adam unterbricht aber sofort und fordert Ruprecht auf, endlich auszusagen, obwohl er es doch gewesen ist, der ihn ständig unterbrochen hat.

Die Aussage des Beklagten: Ruprecht

Es folgt Ruprechts umfangreiche Aussage, die aus anderen Gründen komisch wirkt als die Frau Marthes: Während Marthe vor allem durch ihre impulsive, von Übertreibungen gekennzeichnete Art als Person komisch wirkt und zudem oft mit Worten spielt, deren Bedeutung sie wie gewünscht verdreht, so kann Ruprecht seinem Nachnamen Tümpel entsprechend nicht mit geistiger Tiefe glänzen. Auch er kommt wie Marthe zunächst nicht auf den Punkt, was aber bei ihm vor allem daran liegt, dass er weitschweifig in beinahe kindlicher Form Dialoge wiedergibt (z. B.: „sagt ich […] sie sagte", V. 879), was die Aussage beinahe zu einem unbeholfenen Schauspiel im Schauspiel werden lässt. Bezeichnend ist für Ruprechts Charakter auch, dass er angibt, an Eve wegen ihrer Arbeitskraft Gefallen gefunden zu haben (vgl. V. 876 ff.).

Die Aussage kommt wegen des Detailreichtums, mit dem auch Belanglosigkeiten wiedergegeben werden, nicht von der Stelle. Ruprecht gibt an, wegen eines Hochwasser führenden Baches einen Umweg auf seinem abendlichen Weg zu Eve genommen zu haben, woraufhin er sich verspätet habe. Als er schließlich eingetroffen sei, habe er Stimmen aus dem Garten gehört. Er habe daraufhin seine Ohren vorausgeschickt, um zu lauschen, was im Garten vor sich gehe. Dies nimmt Ruprecht in der Folge wörtlich und schildert einen grotesken Dialog mit seinen Ohren, die ihm immer wieder etwas melden, was ihm ungelegen sei. Dreimal schickt er die Ohren voraus, beschimpft sie bei ihrer Rückkehr und befürchtet angeblich sogar, von seinen Ohren verlassen zu werden, was sehr drastisch geschildert wird („Unwillig los sich aus dem Kopf mir reißen", V. 913). Auch hier wird die Spannung durch eine bestimmte Struktur gesteigert, denn erst ganz am Schluss folgt der Grund für diesen bizarren Streit, nämlich die Anwesenheit eines anderen Mannes.

Umschwenken Adams: Flickschuster Lebrecht als Täter

Sofort unterbricht Adam ihn mit einer Kette von Ausrufen, da er befürchten muss, nun entlarvt zu werden. Ruprecht kann jedoch keinen Namen nennen, was Adam sichtlich erleichtert zur Kenntnis nimmt, wobei er sich aber durch das verdrehte Sprichwort[1] „nicht gefangen, denk ich, nicht gehangen" (V. 919) erneut verrät. Ruprecht schildert anschließend seine Vermutung, dass sein Rivale Lebrecht, dessen Beruf Flickschuster auch als Anzüglichkeit verstanden werden kann, der besagte Mann gewesen sein müsse, da das Wort flicken auch im Sinne von ‚stopfen' verwendet

[1] eigentlich: mitgefangen – mitgehangen

wird. Er beruft sich dabei auf einen Vorfall aus dem Herbst, bei dem er Lebrecht schon einmal angegangen sei. Auch hier fällt die Rohheit auf, mit der Ruprecht sowohl von Eve, die er als „Braten“ (V. 929) bezeichnet, als auch von Lebrecht spricht.

Die Nennung eines neuen Tatverdächtigen ist ganz in Adams Interesse. Er ändert seine Strategie und bezeichnet den eben noch beschimpften Ruprecht plötzlich als seinen „Sohn“ (V. 938) und möchte unbedingt, dass der Name im Protokoll vermerkt wird, was Licht bestätigt, aber mit der unterschwelligen Drohung „und alles andere“ (V. 937) verknüpft.

Ruprecht als enttäuschter Bräutigam

Ruprecht schildert weiter, dass er sich von Eve betrogen glaubte. Er benutzt hierzu die gängige Metapher des Höneraufsetzens, die er jedoch ganz wörtlich nimmt, und behauptet, er habe an seinem Kopf nach Anzeichen für Hornwachstum gesucht (vgl. V. 941 ff.). Er habe bemerkt, dass der fremde Mann mit Eve ins Haus gegangen sei. Für ihn ist das ein Zeichen, dass die beiden vorgehabt haben, miteinander zu schlafen. Marthe und Eve reagieren darauf empört. Nun wird Eve von Adam angefahren zu schweigen. Ruprecht schildert anschließend seinen Wutanfall, ausgestaltet durch den wiederholten Ausruf „Luft!“ (V. 963 ff.), das Aufbrechen der Tür, das Umstürzen des Kruges und die Flucht des vermeintlichen Rivalen. In seiner Wut habe er dem Flüchtenden anschließend mit der abgerissenen Türklinke auf den Kopf geschlagen.

Licht durchschaut die Zusammenhänge

Es folgt ein auf den ersten Blick rätselhafter Dialog, ob Ruprecht mit der Klinke oder einem Degen zugeschlagen habe, wie Licht, an Adam gewandt, einwirft. Diese Bemerkung, die weder Ruprecht noch Walter verstehen, kann sich nur auf Adams Behauptung beziehen, seine Kopfverletzungen habe er davongetragen, als er „mit dem verfluchten Ziegenbock/Am Ofen“ (V. 50 f.) gefochten habe. Lichts Bemerkungen lassen an dieser Stelle erkennen, dass ihm spätestens jetzt klar ist, dass der Täter niemand anderes als Adam ist, den er dennoch nicht verrät.

Adam entkommt unerkannt

Es verbleibt die Merkwürdigkeit, dass Ruprecht den Täter nicht erkannt haben will. Dies erklärt sich in der Folge jedoch dadurch, dass der Flüchtende Ruprecht eine Handvoll Sand in die Augen geschleudert habe, woraufhin dieser ins Zimmer zurückgestürzt sei. Der Sturz wird durch eine Aufzählung von Begriffen, die mit der Konjunktion „und" verbunden sind („Und Kerl und Nacht und Welt und Fensterbrett", V. 1004) sowie eine absteigende Aufzählung der Körperteile, die sich Ruprecht beim Sturz nicht gebrochen hat, auf komische Weise dramatisiert. Im Liegen habe er sogar noch nach der herbeieilenden Eve getreten und sie beschimpft. Erst dann sei sein Sehvermögen wieder zurückgekehrt und es habe ihn angesichts des bejammernswerten Zustands Eves das Mitleid ergriffen. Dieses Gefühl kleidet er in ein erneut komisches und zugleich drastisches Bild, dass er seine Augen gern verschenkt hätte, damit jemand Murmeln damit spielen könne (vgl. V. 1031 ff.). Eve lehnt dieses Mitleid jedoch ab und bezeichnet Ruprecht nun ihrerseits als „Böswicht" (V. 1034), was zeigt, dass die Beziehung mittlerweile beidseitig gestört ist.

Befangenheit der Prozessbeteiligten in ihren Annahmen

Mit einer weitschweifigen Aufzählung, wer nun alles dazugekommen sei, und dem Bekenntnis, dass er den Krug umgeworfen habe, dafür aber der Flickschuster ein Loch im Kopf habe, beendet er seine Aussage. Es ist auffällig, dass auch auf diesen Hinweis hin niemand die Verletzungen Adams bemerkt, die unmöglich unter dem Puder ganz verschwunden sein können. Offensichtlich sind alle Beteiligten so sehr in ihrer Version der Wahrheit gefangen, dass niemand mehr in der Lage ist, das Offensichtliche zu bemerken.

Marthe reagiert auf diese Rede erbost und sie vergleicht den Inhalt mit einem Marder, der in einen Hühnerstall einbricht und die „Wahrheit wie ein gakelnd Huhn erwürgt"

(V. 1049). Anschließend übersteigert sie die ihrer Ansicht nach angemessene Reaktion. Ruprecht wird zum „Ungetüm der Nacht“ (V. 1051), das mit „Keulen“ (V. 1050), also auf eine archaische Weise, vertilgt werden solle.

Wissenslücken Adams

Adam kehrt nun erneut die Beweislast um und fordert einen Beweis von Marthe, die daraufhin Eve als Zeugin aufruft. Dies möchte Adam natürlich unbedingt verhindern und er versucht, eine entsprechende Gesetzeslage zu konstruieren, nach der Töchter ihren Müttern nicht „zeugen“[1] (V. 1059) dürften. Adam zeigt dabei Wissenslücken in Bezug auf die Rechtslage und wirft zudem die Gesetzeslage mit dem konkreten Fall durcheinander, wodurch einmal mehr aufscheint, wie wenig Adam für das Amt eines Richters geeignet ist. Dies wird ihm anschließend auch von Walter bescheinigt, der seine Kritik in Form eines metaphorischen Vergleichs äußert, indem er Adam bescheinigt, Wissenschaft und Irrtum lägen in seinem Kopf „Geknetet, innig, wie ein Teig zusammen“ (V. 1061). Seine Äußerungen enthalten durch die Doppeldeutigkeit des Wortes zeugen aber auch etwas Anzügliches, insbesondere als er ausführt: „Ob und für wen sie zeugen will und kann,/Wird sich aus der Erklärung sich ergeben“ (V. 1064). Unfreiwillig äußert er hier auch Zweifel daran, ob die Beziehung zwischen Eve und Ruprecht noch eine Zukunft haben und in eine Ehe münden kann.

Adam muss sich geschlagen geben und Eves Erklärung zulassen, wirft aber gleich ein, dass diese nicht glaubwürdig sein werde.

Der umfangreiche siebte Auftritt enthält gleich mehrere Momente, die im Sinne der klassischen Dramentheorie die Peripetie (Höhe- und Wendepunkt) einleiten, da in dieser Szene auch den Beteiligten immer mehr klar wird, dass auch und vor allem Adam als Täter infrage kommt.

---

[1] zeugen: in der Rechtssprache „bezeugen“ oder „ein Zeugnis ablegen“

Siebenter Auftritt als Peripetie

- geäußerter Verdacht Walters, dass Adams Verhalten wirke, als sei er der Täter (vgl. V. 820 ff.)
- Walters Ankündigung, Adam als Richter abzulösen (vgl. V. 835)
- Lichts nur für Adam verständliche Anspielungen auf einen „Degen“ als Tatwaffe (vgl. V. 983)
- Ruprechts Bekenntnis, dem Flüchtenden ein Loch in den Kopf geschlagen zu haben, was für alle erkennbar auf Adam zutrifft (vgl. V. 980)

Achter Auftritt

Der achte Auftritt ist der kürzeste des gesamten Dramas und erfüllt für das Vorantreiben der Handlung eigentlich keine wesentliche Funktion. Er besteht nur aus dem Auftritt einer Magd, die Adam das am Ende des siebten Auftritts verlangte Glas Wasser bringt, sowie einem weiteren kurzen Bestechungsversuch des Richters, der Walter Wein reichen lassen will.

Die dramatische Funktion des achten Auftritts

Seine dramatische Funktion ist hingegen eine doppelte. Für die Druckfassung verhinderte die Hinzufügung eines kurzen Auftritts, dass der siebte und der neunte Auftritt zu einem einzigen verschmolzen wären, denn hierdurch wäre ein Auftritt entstanden, der mehr als die Hälfte des Gesamtumfangs ausgemacht hätte. Für die Bühnenfassung führt die Aufnahme zu einem kurzen Moment der Retardation[1] zwischen zwei sehr ereignisreichen und turbulenten Szenen.

Hinzu kommt, dass es Kleist offenbar wichtig war, die Zahl der Auftritte auf die symbolische Zahl 13 als Unglückszahl zu bringen. Diese Gliederung erfolgte vom Autor offenbar ganz bewusst, denn die handschriftliche Fassung enthält überhaupt keine Unterteilung in Auftritte.

[1] Retardation: Verzögerung, Verlangsamung

Neunter Auftritt

Fortgang der Verhandlung

Der Auftritt führt die Verhandlung fort und enthält erneut Elemente der Retardation (Hinauszögerung), lässt in Form der deutlich werdenden Vertrauenskrise zwischen Eve und Ruprecht aber auch einen neuen Aspekt anklingen.

Zunächst aber versucht Adam noch einmal, sich aus der Affäre zu ziehen. Er schlägt Walter einen Vergleich vor, was angesichts der Zerstrittenheit der Parteien vollkommen absurd erscheint, was auch Walter anmerkt, der zudem feststellt, dass „vernünft'ge Leute sich vergleichen" (V. 1075) können, womit er zugleich durchblicken lässt, dass er weder die Dorfbewohnerinnen und -bewohner noch Adam zu diesen Leuten zählt. Doppeldeutig ist seine Frage „Habt ihr ein Urteil schon gefasst?" (V. 1080), da die Voreingenommenheit Adams offenkundig ist, der auch prompt den „Leberecht" (V. 1083) als Täter bezeichnet, um dann jedoch auf Nachfrage Walters sofort Ruprecht als Verantwortlichen zu nennen. Als der Revisor nochmals nachfragt, schlägt Adam sogar beide als Täter vor, wobei er sich erneut unfreiwillig selbst verrät, indem er zunächst sagt, dass ihm ein solches Ergebnis „vollkommen recht" (V. 1089) wäre bzw., noch deutlicher, er „ein Schuft" wäre, „wenn Ihr's herausbekommt" (V. 1092).

Walters Fixierung auf das Ansehen des Gerichts

Dass Walter ihn dennoch fortfahren lässt, obwohl er ihn bereits mehrfach ermahnt hat und nun bemerken muss, dass Adams Urteilsfindung vollkommen zufällig ist, zeigt, wie wichtig ihm das Ansehen des Gerichts ist. Auch Licht lässt durch die Ankündigung, ein neues Blatt zu beginnen, erneut durchblicken, dass ihm klar ist, dass eine Aussage Eves Adam noch mehr in Bedrängnis bringen wird. Er ist regelrecht „[b]egierig, was darauf zu stehen kommt" (V. 1095).

Erneuter Versuch der Beeinflussung Eves

Adam versucht, Eve durch eine längere Ansprache noch einmal zu beeinflussen, und verwendet dazu die schon bekannte Doppelstrategie aus Schmeicheln und Drohungen: Zu Beginn schmeichelt er der Zeugin, indem er sie mit Verkleinerungsformen (Diminutiven) anredet („Evchen", „Jungfer Evchen", „Herzchen", V. 1097 f.) und ihr nahelegt, entweder Lebrecht oder Ruprecht als Täter zu nennen und alle weiteren Aussagen zu unterlassen. Zugleich stellt er sich mehrfach auf eine Stufe mit Gott (vgl. V. 1098, V. 1100) und nutzt dabei Eves religiöse Scheu aus und zeigt dabei zugleich seine Hybris[1]. Dann folgen Sätze, die für die Umstehenden teilweise unverständlich bleiben müssen, von Eve und den Lesern/Leserinnen bzw. Zuschauern/Zuschauerinnen jedoch nur als Drohungen aufgefasst werden können, was auch durch die Wortwahl („hol's der Henker", V. 1113) zusätzlich unterstrichen wird. Andere Äußerungen, dass nämlich Ruprecht zu Tode kommen und ihr niemand glauben werde, sind gänzlich unverhohlene Drohungen, sodass verwunderlich ist, dass Walter dies lediglich mahnend kommentiert, aber nicht weiter eingreift. Immerhin droht er erneut damit, dass dies Adams letzter Fall gewesen sei, lässt aber Adam mit seiner Einschüchterung fortfahren.

Auch jetzt kommt Eve nicht zu Wort, wenngleich Marthe sie auffordert, endlich zu reden. Eve ringt sichtlich um Worte und kommt über die Anrufung „O Jesus!" (V. 1131) nicht hinaus. Marthe nimmt dies wiederum in ironischer Weise wörtlich und fragt, ob Jesus der Übeltäter gewesen sei, und beschimpft Eve als „Metze" (V. 1150). Auch Ruprecht äußert sich wieder entsprechend. Dass nun ausgerechnet Adam die Parteien dazu aufruft, Eve nicht weiter einzuschüchtern, steigert die Komik der Situation. Marthe greift erneut zu einer übertriebenen Darstellungsweise, indem sie zunächst beteuert, in zwei Tagen ihren 50. Geburtstag feiern zu wollen – „[i]n Ehren", V. 1144 – und sie erzählt, dass ihr

[1] Hybris: Überheblichkeit

Mann kurz vor seinem Tod ihr das Versprechen abverlangt habe, Eve „einen wackern Mann“ (V. 1149) zu verschaffen. Sollte dies nicht gelingen und die Tochter „eine liederliche Metze“ (V. 1150) werden, werde er sich im Grab umdrehen. Dieses gebräuchliche Bild nimmt Marthe wörtlich und sie malt es aus, indem sie den Totengräber in ihrer Schilderung gegen Gebühr die Leiche tatsächlich umwenden lässt.

Eves Forderung nach unbedingtem Vertrauen

Als ausgerechnet Ruprecht nun wieder Mitleid mit Eve bekommt, bricht es aus ihr heraus. Sie beschimpft ihn und wirft ihm mangelndes Vertrauen vor, da er nicht einfach zugegeben habe, den Krug zerschlagen zu haben. Sie verweist zunächst auf ihr Ja-Wort und fordert anschließend unbedingtes Vertrauen, selbst wenn der Augenschein etwas anderes nahegelegt haben sollte. Sie erwartet sogar dann Vertrauen, wenn die Wahrheit erst am Tag des Jüngsten Gerichts ans Licht kommen sollte. Damit ist Ruprecht sichtlich überfordert, indem er zugibt, dass ihm dies zu lange dauere und für ihn Wahrheit im wörtlichen Sinne begreifbar sein müsse. Erneut zeigt sich angesichts der geringen Tiefgründigkeit der Gedanken Ruprechts, dass der Nachname Tümpel (flaches Gewässer) passend gewählt ist.

Eve deutet nun an, dass sie Grund hat, die Wahrheit zu verbergen, fordert aber weiterhin unbedingtes Vertrauen von Ruprecht, von dem sie sogar erwartet, dass er sich selbst der Zertrümmerung des Kruges bezichtigen solle, nachdem sie ihn als Täter genannt hat. Die insgesamt sechsmalige Wiederholung des Wortes „warum“ sowie die mehrfach umgestellte Frage „warum nicht sollt ich“ (V. 1182 ff.) machen deutlich, wie unabdingbar das von ihr eingeforderte Vertrauen für sie ist. Ruprecht versteht dies jedoch nicht, sondern ist lediglich bereit, für Eve zu lügen, um ihr die Schande zu ersparen. Dies bringt Eve jedoch nur noch mehr gegen Ruprecht auf, wobei sie deutlich macht, dass ein einziges Wort ihre Ehre wiederherstellen, aber für Ruprecht das Verderben bringen werde.

Die Bedeutung des Vertrauens für Eve

- Voraussetzung für eine Liebesbeziehung
- unfehlbares inneres Gefühl
- wichtiger als jeglicher Schein
- prägende Leitlinie für das eigene Verhalten
- Erwartung des gleichen Verhaltens vom Partner

Eves überraschendes Eingeständnis: Ruprechts Unschuld

Eve gibt anschließend zu, dass es nicht Ruprecht gewesen sei, woraufhin Marthe ihr in drastischer Form Prügel androht und von Walter und Adam dafür zurechtgewiesen wird, wobei der Richter seine Haltung gegenüber Marthe nun komplett ändert und sie als „verwünschte Vettel“[1] (V. 1201) beschimpft. Erneut versucht er, Lebrecht als Täter zu benennen, woraufhin Eve jedoch beginnt, Adam zu beschimpfen. Walter mahnt Respekt vor dem Gericht an, versäumt es aber, dem Grund für Eves Ärger nachzugehen, vor allem, als sie Adam als jemand bezeichnet, der wert sei, „selbst vor dem Gericht, ein armer Sünder, dazustehn“ (V. 1213). Auch dem durch zwei Gedankenstriche besonders hervorgehobenen Ausruf, dass Adam den Täter wohl kenne, wird nicht weiter nachgegangen, obwohl Eve ihn hier unbeabsichtigt als Täter preisgibt.

Lebrechts Unschuld

Eve gibt anschließend an, dass Adam Lebrecht am Vortag mit einem Attest (!) zur Kommission für die Aushebung von Rekruten nach Utrecht geschickt habe, sodass der Richter hätte wissen müssen, dass Lebrecht nicht der Täter gewesen sein könne. Sie sagt aber nicht, wer der Täter ist. Adam gerät hierdurch in völlige Verwirrung, was sich in dem gebrochenen Satzbau zeigt, der in der hilflosen Frage gipfelt: „Was machst du?“ (V. 1221) Nachdem auch Ruprecht Lebrechts Gang nach Utrecht bestätigt hat, scheint es nun nur noch eine Frage der Zeit zu sein, bis Adams Täterschaft aufgedeckt

[1] Vettel: alte, bösartige Frau; lat. vetus: alt, lat. vetula: altes Weib

wird. Auffallend ist, dass der vermeintliche Nebenbuhler Ruprechts mehr und mehr zu dessen negativem Spiegelbild wird, denn während Ruprecht kerngesund seinen Wehrdienst beginnen soll, ist der als kümmerlich beschriebene Lebrecht offenbar ausgemustert worden.

Versuche Adams, von sich abzulenken

Adam bemüht sich zunächst noch, plausibel zu erklären, dass der von Ruprecht nun auf einmal als langsam bezeichnete Lebrecht trotzdem bis zehn Uhr abends aus Utrecht zurück gewesen sein könnte, und er versucht anschließend mit dem Hinweis auf seine Bekanntschaft mit der Familie Rull sowie dem Schamgefühl des Mädchens zu verhindern, dass Eve zum Tathergang befragt wird, wobei er die Wahrheit in ihr Gegenteil verkehrt, denn Eve hat gerade nicht im Dunkel der Nacht Dinge geschehen lassen, die sie bei Tageslicht abstreitet (vgl. V. 1241). Walter lässt sich auf diesen Versuch des Richters, Eve aus dem Zeugenstand zu entlassen, jedoch nicht ein, und er will der Sache auf den Grund gehen, wenngleich er immer noch von einem Fehltritt Eves ausgeht.

Weigerung Eves, den Täter zu nennen

Eve versucht, Walter durch eine respektvolle, steigernd aufgebaute Anrede („Mein lieber, würdiger und gnäd'ger Herr“, V. 1255) für sich einzunehmen, beharrt in der Folge jedoch darauf, den Tathergang nicht berichten zu wollen. Dass sie dies nicht mehr als aus der Not geboren, sondern als „des Himmels wunderbare Fügung“ (V. 1258) bezeichnet, deutet an, dass sie ihrerseits dem Gericht und seinen Amtspersonen nicht vertraut. Sie ist jedoch bereit, unter Eid auszusagen, dass Ruprecht den Krug nicht zerschlagen habe, wodurch die Klage Marthes gegenstandslos wäre. Sie vergleicht dabei die ganze Geschichte mit einem Stoffgarn, bei der Marthe nur ein Faden (der Krug) gehöre, kündigt aber an, ihr zukünftig die Wahrheit zu sagen. Dies lässt Adam aufatmen, da er weiß, dass Eve zu einer Aussage nicht gezwungen werden kann und der Prozess somit ins

Leere laufen könnte, ohne dass seine Täterschaft aufgedeckt wird.

Drohung Marthes, ihre Tochter zu verstoßen

Marthe zeigt sich von dieser Aussage nur insofern beeindruckt, dass sie es für den ersten Fall in der Rechtsgeschichte halte, in dem ein Mensch sich durch einen bewussten Meineid selbst schade. Sie ist nach wie vor von der Täterschaft Ruprechts überzeugt. In einer für sie typischen Form beschreibt sie ihre Reaktion auf einen Fehltritt Eves, indem sie die Redensart „jemandem den Stuhl vor die Tür setzen" wörtlich nimmt und den Stuhl zu einer Art Aussteuer beim Auszug Eves macht. Drastisch malt sie aus, dass sich Eve nach einem Rauswurf ja an ihren eigenen langen Haaren erhängen könne (vgl. V. 1293 ff.).

Verdacht der Komplizenschaft Ruprechts und Eves

Da sie aber nach wie vor von der Richtigkeit ihrer Version der Geschichte ausgeht, vermutet sie, dass noch ein anderes Verbrechen am gestrigen Abend geschehen sein müsse. Nun gerät zum ersten Mal der unmittelbar bevorstehende Wehrdienst Ruprechts in den Fokus der Verhandlung. Marthe vermutet, dass Eve und Ruprecht vorgehabt haben könnten, gemeinsam durchzubrennen, um dem Wehrdienst, vor dem die „Landessöhne [aus]reißen" (V. 1310), zu entgehen.

Universelle Vertrauenskrise

Diese Äußerung ist in mehrfacher Hinsicht interessant. Zum einen zeigt sie, dass auch die übrigen Prozessteilnehmer/-innen einander nicht völlig vertrauen und vielmehr bei entsprechenden Indizien bereit sind, Schlechtes von ihren Angehörigen zu denken. Zum anderen deutet sich auch an, dass der Staat seinen Bürgern und Bürgerinnen nicht sonderlich viel Vertrauen einflößt, wenn diese versuchen, sich dem Wehrdienst zu entziehen. Die durch Eves Aussage aufgedeckte Vertrauenskrise hat erkennbar tiefere Ursachen als das (vorläufige) Scheitern einer Liebesbeziehung. Walter fordert Marthe auf, Beweise vorzulegen. Diese präsentiert daraufhin in Form von Frau Brigitte eine weitere Zeugin, die bestätigen könne, dass Ruprecht und Eve bereits um halb elf im Garten miteinander gesprochen hätten, wobei sie gehört habe, dass er versucht habe, Eve zu etwas zu überreden. Frau Brigitte erscheint als Nachbarin der Rulls und Tante Ruprechts unparteiisch genug, Licht in die Sache zu bringen. Marthes Ankündigung, nach Klärung der Krugbeschädigung auch im „Haus untersuchen" (V. 1324) zu wollen, macht deutlich, dass ihr Vertrauen in Eve angeschlagen ist, wobei sie die hieraus zu ziehenden Konsequenzen noch offenlässt. Ihre Zuversicht in die Beweiskraft der Aussage verdeutlicht sie durch die Metapher, dass diese Ruprechts Aussage förmlich von Kopf bis Fuß spalten werde (vgl. V. 1337).

Aufgrund dieser unerwarteten Entwicklung schöpft Adam neue Hoffnung und wähnt sich in einem Selbstgespräch gar vom Teufel unterstützt, zumal der eigentlich auf Eile bedachte Walter nun die Vorladung der Zeugin anordnet. Zugleich zeigt sich auch, dass nun auch das Vertrauen Veit Tümpels in seinen Sohn Ruprecht erschüttert ist. Er wertet das Packen der Sachen, mit dem Ruprecht am Vortag begonnen habe, als Indiz für dessen mögliche Fahnenflucht (Desertion). Auffallend sind auch hier die brutalen Drohungen („Dir brech ich alle Knochen noch.", V. 1153; „der Teufel soll den Hals ihm brechen", V. 1392), mit denen der zuvor noch loyal zu seinem Sohn stehende Veit ihn nun angeht.

Vorladung einer neuen Zeugin: Frau Brigitte

Auf Walters wiederholte Aufforderung, Frau Brigitte herbeizuschaffen, reagiert Adam mit dem Versuch, den Prozess zu vertagen, mit dem Argument, dass Walter noch die Registratur und die Kassen überprüfen müsse. Er verrät sich in gewisser Weise dadurch, dass er die Uhrzeit für identisch mit der Tatzeit am Tag zuvor hält und sich erneut als „kein ehrlicher Mann" (V. 1400) bezeichnet. Er versucht auf diese Weise, Walter eine Vertagung des Prozesses in den Mund zu legen, jedoch besteht dieser auf einer Fortsetzung. Um sicherzugehen, dass die Herbeirufung Frau Brigittes nicht verschleppt wird, schickt Walter Licht mit aus.

Beginn der Retardation (Hinauszögerung)

Der Auftritt enthält dramaturgisch gleich mehrere Elemente der Retardation (Hinauszögerung), die von der Dramentheorie für den vierten Akt eines klassischen Dramas eingefordert wird. Eigentlich ist Adams Schuld im siebten Auftritt nahezu aufgedeckt worden, doch nun ergeben sich für ihn neue Gelegenheiten: Zum einen kann er sich weiterhin darauf verlassen, dass Eve seinen Namen vor Gericht nicht nennen wird. Zum anderen wird eine weitere Zeugin benannt, die ein Gespräch zwischen Ruprecht und Eve um halb elf im Garten belauscht haben will. Dies und der offen genannte Verdacht, Eve und Ruprecht hätten versucht, gemeinsam durchzubrennen, um Ruprechts Wehrpflicht zu entgehen, ergibt für Adam die Möglichkeit, den Prozess entweder so in die Länge zu ziehen, dass Walter doch noch vor Prozessende abreisen muss, oder diesen sogar zu beenden, ohne dass seine Täterschaft aufgedeckt wird.

Retardierende Momente im neunten Auftritt

- Weigerung Eves, den Namen des Täters zu nennen
- Vertrauensverlust Marthes und Veits in ihre Kinder
- Verdacht einer Komplizenschaft zwischen Eve und Ruprecht
- Verdacht der versuchten Fahnenflucht (Desertion) Ruprechts
- Benennung Frau Brigittes als neue Zeugin für eine Täterschaft Ruprechts

Zehnter Auftritt

Unterschiedliche Ziele Adams und Walters

Der zehnte Auftritt stellt nach den turbulenten und an Wendungen reichen Auftritten sieben bis neun einen Ruhepunkt im Drama dar, der zudem weitere Momente der Retardation enthält. Walter und Adam verfolgen in diesem Auftritt unterschiedliche Strategien: Während der Richter gleichzeitig versucht, Walter zu umschmeicheln und die Prozessbeteiligten aus dem Raum zu weisen, sucht Walter, der nach wie vor Adam in Verdacht hat, bewusst die Nähe zu den Parteien. Um Adam von seinem Vorhaben abzubringen, Klägerin und Beklagte wegzuschicken, geht Walter nun doch auf Adams Angebot ein, Wein zu servieren. Das für sich gesprochene „Verwünscht!“ (V. 1416), einer der bei Walter seltenen Flüche, macht deutlich, wie unrecht ihm das Wegschicken der Parteien ist, die er selbst gern noch zu Details befragen würde.

Barscher Befehlston und gespielte Freundlichkeit

Der folgende kurze Wortwechsel gewinnt seine Komik dadurch, dass Adam gleichzeitig versucht, einerseits der Magd Anweisungen zu geben, die Parteien des Raumes zu verweisen und andererseits Walter zu schmeicheln. Seine Unterwürfigkeit gegenüber dem Revisor bildet einen scharfen Kontrast zu den knappen Befehlen, die die Magd erhält, und besonders zu den barschen Befehlen, die er an die Dorfbewohnerinnen und -bewohner richtet. Walter versucht zunächst vergeblich, Adam aufzuhalten, und zwar sowohl was das sich anbahnende üppige Frühstück angeht, bei dem Adam anordnet, nur das Beste aufzutragen („vom versiegelten, Margrete“, V. 1423), als auch was das Entfernen der Parteien betrifft. Auf seine Aufforderung „Bleibt.“ (V. 1425) reagiert Adam unwirsch mit „Fort! Marsch, sag ich!“ (ebd.). Hingegen antwortet Adam auf die irritierte Frage Walters, ob er die Leute fortschicke, mit „Sie treten ab, wenn Ihr erlaubt“ (V. 1432). Er lässt die Dorfbewohnerinnen und -bewohner also zu bewussten Akteurinnen/Akteuren werden. Er begründet das „Abtreten“ der Dorfbewohnerinnen und -bewohner damit, dass der Prozess wahrscheinlich nicht weitergeführt werden kann, da Frau Brigitte wegen des „Holztag[s]“ (V. 1437) nicht zu Hause sein könne, sondern im Wald sei, also nicht als Zeugin aussagen könne. Offenkundig will Adam versuchen, den weiteren Prozessverlauf so weit zu verschleppen, dass Walter abreisen muss. Als Ruprecht nun anmerkt, dass Frau Brigitte zu Hause sei, flucht Adam seinerseits, zumal nun auch die Möglichkeit vergangen ist, noch einmal allein mit Eve zu reden. Umso wichtiger ist es Adam nun, Walter möglichst reichhaltig zu bewirten. Dessen bescheidene Bitte nach Brot und Salz weist er zurück und lässt stattdessen den Tisch mit Damast[1] eindecken und Limburger Käse reichen. Unwillkürlich macht er sich dabei auch wieder verdächtig, weil er auf seinen Status als Junggeselle verweist, also als ungebunden verweist. Zudem wirkt seine Bezeichnung Walters als Freund (vgl. V. 1455) in ihrer Übertreibung unehrlich.

Frage nach der Herkunft der Kopfverletzungen

Walter nutzt die Gelegenheit, Adam noch einmal auf dessen Kopfverletzungen anzusprechen. Der Richter wiederholt die Geschichte vom Sturz aus dem Bett, verlegt das Geschehen aber auf halb sechs in der Frühe, um seine Dienstbeflissenheit zu zeigen. Als Walter ihn darauf hinweist, dass er sowohl an der Stirn als auch am Hinterkopf jeweils eine Wunde habe, reagiert Adam mit der erfundenen Erklärung, er sei zuerst mit der Stirn und dann mit dem Hinterkopf aufgeschlagen, was jedoch wenig plausibel ist. Mit einer Anspielung auf die Fingernägel der Frauen weist Walter ihn auf die zusätzlich sichtbaren Kratzspuren in seinem Gesicht hin. Adam behauptet, dass am Ofen Strauchwerk gehangen habe.

Eine zweite Version des Verlusts der Perücke

In der Folge rückt der Verlust der Perücke noch einmal ins Zentrum des Gesprächs. Dass Walter hierbei den Teufel erwähnt, deutet für den Leser/die Leserin bzw. den Zuschauer/die Zuschauerin erneut auf Adam hin, da dieser bereits im ersten Auftritt mit dem Teufel in Verbindung gebracht wurde. In dieser Version ist die Perücke am Vorabend in Flammen aufgegangen, während der Richter am späten Abend noch Akten studiert habe, wodurch er sich erneut als besonders diensteifrig darstellt. Zugleich aber wimmelt die lebhafte Beschreibung von Anspielungen auf die Bestrafung der Sündhaften durch Gott. Zum wiederholten Male bezeichnet Adam sich als sündigen Menschen und

[1] Damast: wertvoller Stoff

vergleicht das Geschehen ausgerechnet mit der Verbrennung der biblischen Städte Sodom und Gomorrha, deren Bewohner/-innen von Gott wegen ihres ausschweifenden Lebens vernichtet wurden (vgl. V. 1494 ff.). Um Walter abzulenken, ruft er „zur Sache“ (V. 1500), womit er nicht den Prozess meint, sondern das Trinken von Wein.

Scheinbare Lösung des Falles

Als Walter nun anmerkt, dass der Täter im Ort leicht an seinen Wunden erkennbar sein müsste, scheint der Fall aufgedeckt. Doch Walter bemerkt fast zeitgleich, dass der Fall „hier […] unentworren“ (V. 1506) zu bleiben drohe. Mit der Ortsangabe „hier“ meint er das Gericht, und es deutet sich dadurch eine Lösung des Problems für Adam an.

Den Gedanken führt der Revisor zunächst jedoch nicht weiter aus, sondern er fragt nach der Weinsorte, was Adam, der sich schon entdeckt glaubte, sichtlich verwirrt.

Anschließend beginnt Walter, sich bei Marthe nach der Höhe des Fensters von Eves Kammer zu erkundigen, aus dem der Täter gesprungen sei. Sie schildert, dass die Wand mit dichten, dornigen Ranken bewachsen sei. So scheinen sich auch die Kratzer im Gesicht Adams zu erklären, wenngleich Marthe übertreibend beteuert, dass selbst „ein Eber, ein gewaffneter, Müh mit den Fängern[1] haben“ (V. 1524 f.) würde, durchzukommen. Walters Bemerkung „Meint ihr?“ (V. 1526) wirkt beinahe so, als würde er mit dem von ihm längst enttarnten Adam spielen, indem er ihn spüren lässt, dass er die Wahrheit kennt, ohne ihn jedoch offen als Täter zu benennen.

Weitere Indizien

In jedem Fall arbeitet der Revisor auch in der Folge die Indizien des Falles Stück für Stück weiter ab, indem er nun nach der Zahl der Wunden fragt, die Ruprecht dem „Sünder“ (V. 1531, 1536) zugefügt habe. Adam schenkt dem Gerichtsrat darauf ein Glas Wein nach dem anderen ein, in der Hoffnung, diesen möglichst betrunken zu machen. Der Richter

[1] Fänger: Eckzähne, Hauer

greift mit Bemerkungen in den Dialog ein, die, zum Teil zu sich selbst gesprochen, seine Täterschaft direkt verraten bzw. so doppeldeutig sind, dass sie es zumindest nahelegen. Sein Ausruf „Halunke! Das behielt er!“ (V. 1542) kann sich nämlich sowohl auf Ruprechts Gedächtnis als auch auf die Wunden des Täters beziehen. Da Ruprecht die Zahl seiner Hiebe mit zwei angibt, weist auch dieses Indiz auf Adam als Täter hin, wenngleich Ruprecht erneut angibt, den Täter nicht erkannt zu haben. Dass Walter auf Adams Trinkspruch „Was wir lieben“ (V. 1555) mit „Was recht und gut und treu ist“ (V. 1556) antwortet, bestätigt, dass Walter sich nunmehr fast sicher ist, in Adam den Täter gefunden zu haben.

Bestätigung der Geschichten Adams durch Marthe

Walter versucht nunmehr, das vermutete Motiv bestätigt zu erhalten, und fragt Adam, ob er Marthe oft besuche und bei ihr ein und aus gehe. Als Adam dies verneint, wendet er sich mit der gleichen Frage an Frau Marthe, die die Aussage des Richters nicht nur bestätigt, sondern hinzusetzt, Adam sei neun Wochen zuvor das letzte Mal zu Besuch gewesen. Auch bei sonntäglichen Spaziergängen schaue er nur kurz durchs Fenster und gehe „wieder seiner Wege“ (V. 1580).

Diese Äußerungen bringen Walters Einschätzung, dass Adam an Eve Gefallen gefunden und sie deshalb auch in der vorausgegangenen Nacht besucht habe, ins Wanken. Er fragt sich selbst, ob er Adam mit seinem Verdacht möglicherweise Unrecht getan habe, bricht diesen Gedanken jedoch selbst ab, indem er einen zweiten Anlauf startet und nach der Hilfe bei der Hühnerpflege fragt, die Adam zuvor als Begründung für sein Gespräch mit Eve vor Verhandlungsbeginn angeführt habe (vgl. V. 1585 ff.). Marthe bestätigt auch diese Geschichte, die Walter und vermutlich auch den Lesern/Leserinnen bzw. Zuschauern/Zuschauerinnen als eine von Adams spontan erfundenen Lügengeschichten erschienen war.

Scheinbare Entlastung Adams

Die Regieanweisung *„verwirrt“* (Szenenanweisung nach V. 1594) macht deutlich, dass Walters Gewissheit, dass

Adam der Täter ist, nun ins Wanken geraten ist. Erleichtert verlangt er nun seinerseits nach mehr Wein und stößt mit Adam auf dessen Wohlergehen an. Zweifel an der Täterschaft Adams entstehen außerdem, als Marthe angibt, man könne Adam allenfalls mit gutem Wein anlocken, sie aber besitze nichts in ihrem Hause, „was ihn lockt“ (V. 1605).

Das Problem der Unerkennbarkeit von Wahrheit

Auffallend ist an diesem Auftritt, dass es Walter trotz juristisch einigermaßen einwandfreiem Verfahren nicht gelingt, die Wahrheit aufzudecken, sondern im Gegenteil zumindest für ihn am Ende dieses Auftritts Adams Unschuld wahrscheinlicher zu sein scheint als seine Schuld.

Das hier aufscheinende Problem der vermeintlichen oder tatsächlichen Unerkennbarkeit der Wahrheit deutet zum einen auf den philosophiegeschichtlichen Hintergrund des Dramas hin. Genau zur Entstehungszeit beschäftigte sich Kleist mit der Philosophie Kants und geriet über diese Lektüre sogar in die sogenannte Kant-Krise[1], da er Kants Werk genau dieses Problem, dass nämlich die Wahrheit unerkennbar bleibe, entnahm. Auf der anderen Seite beinhaltet dieser Auftritt auch eine Kritik an der Justiz, indem gezeigt wird, dass die Form der Ermittlung noch nicht zur Gerechtigkeit führt. Walter gewichtet die Indizien einfach falsch, indem er die Adam entlastenden Nebenindizien stärker gewichtet als die ihn belastenden eindeutigen Indizien, dass nämlich nur seine Täterschaft seine Wunden einigermaßen plausibel erklären kann.

[1] Zur sogenannten Kant-Krise siehe die Informationen zur Biografie Kleists auf S. 118 f.

Das Problem der Ermittlung von Wahrheit

Indizien für Adams

… Schuld	**… Unschuld**
• Zahl und Lage der Wunden • Kratzspuren im Gesicht • unverheirateter Junggeselle	• scheinbares Desinteresse an Besuchen bei den Rulls • Bestätigung der Geschichte vom kranken Huhn als Erklärung für den Kontakt mit Eve • Adams Ruf Genussmensch

➡ scheinbare Unerkennbarkeit der Wahrheit
➡ Kritik an der Justiz

Elfter Auftritt

Lösung

Gemäß der aristotelischen Dramentheorie folgt auf die Retardation (Hinauszögerung) die rasche Lösung. Diese deutet sich auch gleich zu Beginn des elften Auftritts an, indem mit dem Auftauchen der Perücke das letzte noch fehlende Indiz für eine Täterschaft Adams präsentiert wird.

Die aufgefundene Perücke als Beweisstück

Adam nutzt zu Beginn die Unruhe, die durch das Erscheinen der Zeugin Frau Brigitte sowie das Abräumen des Geschirrs entsteht, zu einer erneuten Drohung in Richtung Eve: Scheinbar über das kranke Perlhuhn sprechend, fordert er in Wirklichkeit Eve auf, die Wahrheit so zu verdrehen („Dreh du mir deine Pille ordentlich“, V. 1611), dass ihre Aussage den Anwesenden plausibel erscheint („Dem Luder muss sie ganz jetzt durch die Gurgel“, V. 1614). Auch eine Anspielung auf den Tod Ruprechts führt er an. Dies wird jedoch von den übrigen Anwesenden nicht weiter kommentiert, da die Aufmerksamkeit ganz durch die von Frau Brigitte mitgebrachte Perücke in Anspruch genommen wird.

Verzögerungsstrategie Lichts

Licht, der die Aufmerksamkeit offensichtlich sehr genießt, zögert die Enthüllung, wem die Perücke gehört, bewusst hinaus. Walter reagiert darauf etwas ärgerlich. Seine Bemerkung „Ich will nicht wissen, wem sie angehört" (V. 1623) lässt sich so deuten, dass er genau weiß, dass diese Perücke nur Adam gehören kann. Licht fügt hinzu, dass die Perücke im Spalier bei den Rulls gefunden worden sei, direkt unter Eves Fenster. Diese Enthüllung bewegt Walter dazu, sich heimlich an Adam zu wenden, allerdings nur, um die „Ehre des Gerichts" (V. 1631) zu retten, was erneut andeutet, dass ihm die Formalitäten und das äußerliche Ansehen wichtiger sein könnten als die Gerechtigkeit. Adam beruft sich wie so oft auf seine Ehre und geht noch einmal zum Angriff über, indem er bekennt, zwar der Besitzer der Perücke zu sein, diese aber vor acht Tagen Ruprecht mit zur Reparatur nach Utrecht gegeben zu haben, was dieser im Grundsatz bestätigt. Er verweist jedoch darauf, sie lediglich weitergereicht zu haben. Nun bezichtigt Adam ihn, sich mit der Perücke verkleidet zu haben, und stellt sich beleidigt, was sprachlich dadurch verdeutlicht wird, dass er in die Form der erlebten Rede wechselt („kam er ins Amt und sprach, […] sagt ich", V. 1658 ff.).

Das Geschehen aus der Sicht Brigittes

Dieser erneute kurze Moment der Retardation (Hinauszögerung) wird jedoch von Frau Brigitte beendet, die darauf beharrt, dass am Abend zuvor eine weitere Person im Garten der Rulls gewesen sei. Sie sagt, dass sie gehört habe, wie Eve mit einer anderen Person gestritten habe. Brigitte zitiert Eves Äußerungen wörtlich, wobei auffällt, dass sie das Gegenüber mit „Er" (V. 1671 ff.) angesprochen habe. Für Brigitte ist der Angesprochene eindeutig Ruprecht, da Eve die Frage, ob dieser sich bei ihr befinde, bejaht hat. Bis zu diesem Zeitpunkt scheint diese Aussage Adam weiter zu entlasten, denn sie passt zu Marthes Vermutung, dass Ruprecht Eve zum Durchbrennen habe überreden wollen, weshalb diese auch gleich einhaken möchte, um dies zu bestätigen.

Der Teufel als vermeintlicher Täter

Nun nimmt die Aussage jedoch eine völlig unerwartete Wendung: Brigitte berichtet von einer nächtlichen Begegnung gegen Mitternacht, als ihr ein „Kerl, […] kahlköpfig,/ Mit einem Pferdefuß, und hinter ihm […] wie Dampf von Pech und Schwefel“ (V. 1685 f.) begegnet sei. Für die Leser/-innen bzw. Zuschauer/-innen ist klar, dass Brigitte dem flüchtenden Adam begegnet ist, auf den alle geschilderten Attribute, Klumpfuß, Kahlköpfigkeit und der Gestank aufgrund von Verdauungsproblemen, zutreffen. Zudem haben sich bereits in vorangegangenen Auftritten Anspielungen befunden, die eine Gleichsetzung von Adam mit dem Teufel nahelegen. Brigitte und die Umstehenden gelangen jedoch zu dem grotesken Schluss, dass sie wirklich dem Teufel begegnet sei, was Walter sichtlich in Verärgerung versetzt („Blödsinnig Volk, das!“, V. 1699). Licht hält sich derweil sehr zurück und wird für die Teufelssichtung sogar als Zeuge angerufen, was den Revisor weiter verunsichert. Walter gibt aber zu erkennen, dass er sehr wohl den Beschreibungen, nicht jedoch den Schlussfolgerungen Brigittes Glauben schenkt. Ihm ist zu diesem Zeitpunkt die Täterschaft Adams völlig klar, er vertraut jedoch auf die Aussage Brigittes, um letztlich Adams Sturz zu bewirken.

Adams letzte Ablenkungsversuche

Brigitte berichtet weiter, dass sie am Morgen eine Spur entdeckt habe, die aus einem Pferdefuß und einem Menschenfuß bestanden habe. Sie schildert anschaulich, wie sie der Spur gefolgt sei („Und Menschenfuß und Pferdefuß von hier,/Und Menschenfuß und Pferdefuß,/Quer durch den Garten, bis in alle Welt.“, V. 1725 ff.), und vergleicht sich mit einem Dachs, als sie mit Licht der Spur gefolgt sei. Adam versucht ein weiteres Mal, von sich abzulenken, indem er Ruprecht der Verkleidung als Teufel bezichtigt, stellt dann jedoch den absurden Antrag, bei der Synode (Kirchenversammlung) in Haag den Teufel als Täter bestätigen zu lassen. Dass Walter sich daraufhin an Licht wendet, verdeutlicht, dass Adams Amtsenthebung längst unabwendbar geworden ist, zumal durch Brigittes weitere Schilderungen klar wird, dass die vermeintliche Teufelsspur in Adams Haus führt, aber nicht mehr aus ihm heraus, wie besonders Licht betont, wobei dessen Aussage von Marthe mit dem Hinweis auf den vorneheraus zertretenen Schnee wieder relativiert wird. Adam versucht, die vermeintliche Durchreise des Teufels dazu zu nutzen, dass dieser vermutlich auch seine Kassen und die Registratur in Unordnung gebracht habe. Seine Verweise auf seine Ehrlichkeit, seine Ehre sowie das eigentlich floskelhafte „ich stehe für nichts ein“ (V. 1800) steigern die Komik noch, da längst offensichtlich ist, dass nichts davon wahr ist.

Walters Beharren auf der Einhaltung der Form

Walter versucht nun, die Täterschaft Adams endgültig zu beweisen, indem er ihn zum Aufstehen bewegt, um seinen Klumpfuß zu überprüfen. Der Richter ahnt dies jedoch und lässt stattdessen Licht sich erheben, um Walter das Gewünschte zu bringen. Licht wagt sich nun weiter aus der Deckung und verrät, dass Adam einen missgestalteten Fuß habe.

Unterschiedliche Deutungsmöglichkeit der Regieanweisung

Adams schwacher Versuch, zu leugnen, dass niemand im Dorf missgestaltete Füße habe, geht nicht auf, und er sieht sich gezwungen, seinen Fuß zu zeigen. Laut Regieanweisung zeigt er seinen linken, also missgestalteten Fuß. Dies könnte entweder ein Versehen Kleists sein, denn Walter reagiert hierauf mit der Versicherung, der Fuß sei „gut“ (V. 1821). Es könnte jedoch auch sein, dass nur Walter den Fuß sehen konnte, der, um die Ehre des Gerichts nicht weiter zu beschädigen, deshalb einen gesichtswahrenden Ausweg aus diesem Prozess sucht und an dieser Stelle lügt, aber Adam zugleich befiehlt, den Prozess zu beenden. Als Adam stattdessen jedoch ein weiteres Mal versucht, den Teufel als Täter glaubhaft zu machen, der auf Erden eine Perücke trage, verliert der Revisor endgültig die Geduld und weist Adam mit einer drastischen Bemerkung zurecht („Nichtswürd'ger! Wert vor allem Volk, ihn schmachvoll/ Vom Tribunal zu jagen!", V. 1839 f.), die ähnlich der ist, mit der Eve zuvor Adam beschuldigt hat (vgl. V. 1208). Dieser greift zu einer letzten Trumpfkarte und weist auf die fehlende Aussage Eves hin, die allein seine Täterschaft beweisen könne. Er werde jeden verklagen, der ihn als Eigentümer der Perücke bezichtige.

Lichts Enthüllung der Wahrheit

Nun greift auch Licht aktiv ein und stülpt Adam die Perücke über, die diesem wie angegossen passt. Jetzt erst ist erwiesen, dass Adam der Täter sein muss. Die Erkenntniskrise des vorangegangenen Auftritts wird hier bis ins Absurde gesteigert, indem die Dorfbewohnerinnen und -bewohner die direkt vor ihnen liegende Wahrheit nicht erkennen.

Es wird nun zunehmend deutlich, wie wichtig Walter in dieser Situation die Wahrung der Form ist. Er verwarnt Ruprecht, weil dieser Adam direkt bezichtigt. Daraufhin bricht ein Tumult aus, der sich noch steigert, als Adam Ruprecht zu einer Gefängnisstrafe von unbestimmter Dauer verurteilt, weil er sich gegen einen Richter ungebührlich betragen habe. Walter nimmt die Urteilsverkündigung hin und empfiehlt, sich an die nächsthöhere Instanz zu wenden.

Eve nennt Adam als Täter

Jetzt erst nennt auch Eve Adam als Täter, worauf Ruprecht sich anschickt, diesen zu verprügeln. Walter verweist erneut auf die Unverletzlichkeit des Amtes, kann die Wütenden jedoch nicht mehr zähmen. Aus dem von Walter nur als Möglichkeit genannten Verjagen aus dem Gericht wird nun Realität. Adam entflieht, sodass Ruprecht nur noch seine Jacke zu fassen bekommt, die er statt seiner verprügelt, was Walter erneut zu einer Strafandrohung veranlasst. Es bleibt gegen Ende des Auftritts also offen, ob Ruprecht tatsächlich freigesprochen werden wird, denn er ist ja von Adam wegen Missachtung des Gerichts verurteilt worden.

Eine Gesellschaft in Aufruhr

Der Auftritt zeigt gegen Ende eine Gesellschaft in völligem Aufruhr, in der alle bestehenden Regeln umgeworfen werden, die allerdings gegen Ende nur noch befolgt worden sind, um den äußeren Anschein von Ehre zu wahren. Walter hat dem Amtsmissbrauch Adams so lange tatenlos zugesehen, dass eine Eskalation unausweichlich ist. Der Schluss des Auftritts zeigt somit auf, unter welchen Bedingungen es zum Aufruhr bzw. einer Revolution kommen kann.

Eine Gesellschaft in Aufruhr

Amtsmissbrauch Adams

- Urkundenfälschung
- Einschüchterung und Nötigung
- Verdächtigung Unschuldiger (Lebrecht, Ruprecht)
- Rechtsbeugung

Walter lässt diese Missbräuche unter Verweis auf die Immunität des Amtes sowie die Ehre des Gerichts zu.

Aufruhr und Zusammenbruch der Ordnung

Zwölfter Auftritt

Die Lösung der Konflikte

In den nun folgenden beiden Auftritten werden die letzten noch offenen Fragen geklärt. Zunächst einmal ist da die Klärung des Verhältnisses zwischen Ruprecht und Eve zu nennen. Dieser schmeichelt Eve nun („Evchen“, V. 1908) und bezeichnet sie als sein „goldnes Mädchen“ und mit dem Neologismus „Herzens-Braut“ (V. 1911). Seine Frage „Wirst du dein Lebtag mir vergeben können?“ (V. 1912) bleibt auffälligerweise unbeantwortet, wenngleich die Geste, dass Eve sich nun Walter zu Füßen wirft, um Ruprecht zu retten, durchaus als ein Zeichen nach wie vor bestehender Liebe gedeutet werden kann. Eve fleht Walter an, Ruprecht vor der Einberufung nach Ostindien zu retten, da von dort „von drei Männern einer nur zurück[kehrt]“

(V. 1919). Sie verweist auf einen angeblichen Geheimbefehl, den ihr Adam ausgehändigt habe. Walter und Licht bezeichnen diesen Brief jedoch einhellig als Fälschung des Richters. Licht beteuert, dass kein Mensch beabsichtige, die für die Landwehr bestimmten Rekruten nach Ostindien zu verschiffen. Dass Eve diese Beteuerung nicht glaubt, zeigt, wie groß bei ihr der Vertrauensverlust in öffentliche Institutionen mittlerweile ist. Auch Walters Hinweis auf seine Ehre greift nur deshalb, weil er zugleich anbietet, Ruprecht freizukaufen, falls Adams Behauptung korrekt sei. Anscheinend lässt erst die finanzielle Zusage Eves Vertrauen zurückkehren, und sie schildert genauer, wie Adam versucht habe, sie zu erpressen. Die Eindringlichkeit der Schilderung sowie Adams Hinterlist werden durch Reihungen wie „[e]rklärte und versicherte und schlich" (V. 1944) sowie die Versicherung, Adam habe ihr das Attest aufgedrängt, noch gesteigert.

Offene Fragen

Auch hier bleiben jedoch offene Fragen: Aus der Schilderung Brigittes ergibt sich, dass Adam jenes Schändliche, das „kein Mädchenmund wagt auszusprechen" (V. 1947), schon im Garten gefordert haben muss. Warum Eve ihn dennoch mit aufs Zimmer genommen hat und wie weit sie bereit gewesen wäre, für ihren Verlobten zu gehen, bleibt offen. Dies scheint sogar Ruprecht zu bemerken, der Eve auffordert, nicht weiterzusprechen. Ob der anschließende Kuss bedeutet, dass das Vertrauen, dessen Bedeutung Eve so hervorgehoben hat, wirklich wiederhergestellt worden ist, ist nicht völlig klar, denn auch die Aufforderung Veits „küsst und versöhnt und liebt euch" (V. 1952) deutet einen längeren Weg bis zur Wiederherstellung der Liebe an, zumal auch die Hochzeit an Pfingsten mit der Einschränkung versehen wird, „wenn ihr wollt" (V. 1953).

Die Rückholung Adams

Die Versöhnung wird durch Licht unterbrochen, der die Anwesenden dazu auffordert, sich den über das Feld fliehenden Adam anzuschauen. Durch die mehrfache Aufforderung „seht“ (V. 1954, 1958) wirkt die Schilderung beinahe schadenfroh. Dass die aufgesetzte Perücke ihm den Rücken peitscht, kann ebenso wie die Nennung von „Rad und Galgen“ (V. 1955) als Anspielung auf die noch bevorstehende Bestrafung Adams verstanden werden. Eine solche würde jedoch den Konventionen der Gattung Komödie widersprechen, die erfordern, dass der Schurke nach seiner Verspottung wieder in die Gemeinschaft aufgenommen werden muss. Dies erfolgt denn auch durch Walter, der Licht ausschickt, um den Flüchtenden zurückzuholen, damit er bleiben könne, wenn die Kassen „richtig“ (V. 1965) seien. Angesichts der in den ersten Auftritten aufscheinenden Zustände ist jedoch sehr zweifelhaft, ob diese Lösung für Adam wirklich greift.

Licht am Ziel seiner Wünsche

Und auch Licht, der schließlich allen Loyalitätsbeteuerungen zum Trotz die Gelegenheit genutzt hat, Adam zu stürzen, erhält seine Belohnung nur in Form einer vorläufigen Berufung zu Adams Nachfolger.

Letzter Auftritt

Letztes offenes Problem: der Krug

In einem kurzen letzten Auftritt wird nach dem Abgang Lichts von der Bühne noch das letzte offene Problem angesprochen. Marthe verlangt von Walter zu erfahren, wo in Utrecht der Sitz des Gerichts sei, damit dem Krug „sein Recht geschehn“ (V. 1972) könne. Auch die Lösung dieses Problems verbleibt jedoch auf der Ebene der Ankündigung, denn ob Marthe tatsächlich ihr Recht erstreiten kann, wird in dem Drama nicht mehr geklärt. Die Häufung der am Ende des Dramas nur zum Teil beantworteten Fragen ist auffällig. Es scheint, dass Kleists Komödie, die von Literaturwissenschaftlerinnen und -wissenschaftlern zu den „ernsten Komödien“ (H. Arntzen) gerechnet wird, eine Fülle so gravierender Probleme behandelt, dass diese sich als kaum lösbar herausstellen.

Offenes Ende?

- mögliche Bestrafung Ruprechts wegen Missachtung des Gerichts
- Stand der Beziehung zwischen Eve und Ruprecht
- Wiederherstellung des Vertrauens in die Regierung bzw. die Justiz
- weiteres Schicksal Adams
- Vorläufigkeit der Beförderung Lichts

Variant

Bedeutung des Varianten

Die ursprüngliche Fassung des Schlusses, die auf Kleists Veranlassung in die Buchfassung von 1811 als „Variant“ mit aufgenommen wurde, widerspricht mit ihrer Länge von mehr als 500 Versen den Regeln der Dramentheorie, die nach der Konfliktlösung, die mit der Aufdeckung von Adams Täterschaft und dessen Flucht erfolgt ist, eigentlich einen raschen Schluss vorsieht. Kleist scheint sich jedoch bewusst gewesen zu sein, dass die Schwere der aufgetretenen Konflikte und Krisen eine rasche Lösung unmöglich macht. Tatsächlich wirkt der gekürzte Schluss teilweise gezwungen und lässt bei den Lesern/Leserinnen bzw. Zuschauern/Zuschauerinnen Zweifel aufkommen, ob sie wirklich Zeugen/Zeuginnen einer Lösung oder nur einer Scheinlösung geworden sind. Die Fassung des Varianten motiviert die Handlung und die Konfliktlösung psychologisch sehr viel feiner und lässt gleichzeitig die gesellschaftskritischen Aspekte noch deutlicher hervortreten, weswegen diese Fassung in vielen modernen Inszenierungen bevorzugt wird.

Schwierige Versöhnung zwischen Eve und Ruprecht

Eve reagiert in dieser Version zunächst abweisend auf Ruprechts unbeholfenen Versöhnungsversuch („Geh, lass mich sein.“, V. 1913). Ihre Ablehnung wird noch deutlicher, als Ruprecht ihr anbietet, ihn zum Ausgleich zu ohrfeigen. Ihre Antwort „Ich will nichts von dir wissen.“ (V. 1919) deutet sogar ein Ende der Beziehung an. Auch als Ruprecht sie gegen Walters Vorwurf, sie hätte sich sofort offenbaren müssen, in Schutz nimmt, wehrt Eve ab. Selbst Walters Drohung, ohne eine ausführliche Aussage Eves sei Adam noch nicht zweifelsfrei schuldig, trägt nicht zur Beruhigung der Situation bei. Eve erwähnt lediglich, dass Ruprecht und sie auf ewig unglücklich sein würden.

Scheinhaftigkeit der Wahrheit

Als Ruprecht die Konskription[1] als Ursache hierfür vermutet, wirft Eve sich Walter zu Füßen und bittet ihn um einen Akt der Menschlichkeit, wobei sie zwischen dem Anschein der Menschlichkeit, der ihm „vom Antlitz strahlt" (vgl. V. 1953), und der wahren Menschlichkeit, die sich erst in der Tat beweise, unterscheidet.

Eves Bekenntnis zum Patriotismus

Sie beginnt daraufhin mit einer langen Erzählung von den Hochzeitsvorbereitungen und dem Eintreffen des Einberufungsbefehls an Ruprecht, der diese unterbrochen habe. Eventuellen Zweifeln Walters an Ruprechts Bereitschaft, sein Vaterland zu verteidigen, begegnet Eve mit einem Bekenntnis, dass alle Niederländer die Liebe zu ihrem Land in ihrer Brust tragen würden und daher auch bereit seien, ihre Brust, das heißt ihr Leben, im Kampf gegen die Spanier zu opfern, deren Herrschaft mit Tyrannei gleichgesetzt wird. Umso bereiter sei sie gewesen, Ruprecht ziehen zu lassen, da dieser nur die Stadtwälle von Utrecht schützen solle. Die Gefahrlosigkeit dieser Aufgabe stellt sie durch die Apposition „die geebneten" (V. 1993) sowie die Erwähnung spielender Kinder noch heraus. Angesichts der Tatsache, dass die Niederlande seit 1795 und Preußen seit 1806 unter französischer Besatzung standen, kann dieser Aufruf zur Landesverteidigung aus zeitgenössischer Sicht auch als Aufruf zum Widerstand gelesen werden. Nachdem sie so eventuelle Zweifel zerstreut hat, sie könne versucht haben, Ruprecht dabei zu helfen, sich vor dem leichten Wehrdienst

[1] Konskription: Einberufung zum Wehrdienst

zu drücken, beginnt sie, von ihrem Besuch auf dem Amt einen Tag zuvor zu erzählen.

Anfängliche Verweigerung der Annahme eines gefälschten Attests

Adam habe sich nach ihrem Befinden erkundigt, woraufhin sie ihm ihr Leid geklagt habe. Er habe angedeutet, Ruprecht vom Dienst befreien zu können, und listig nach einer Gegenleistung gefragt. Auf ihr naives Angebot, sie werde ihm dafür wohl schon etwas geben, habe dieser ihr sogleich ein gefälschtes Attest angeboten, mit dem Ruprecht vom Dienst freigestellt worden wäre. Mit dem Hinweis darauf, dass eine solche Lüge vor Gott schwerlich Bestand habe, weil dieser auch verborgene Schäden, nämlich die am Seelenheil, sehe, hat Eve dies zurückgewiesen. An dieser Stelle wird die tiefreligiöse Überzeugung Eves deutlich, die sich bereits in ihrer Weigerung, die Täterschaft Ruprechts zu beschwören, geäußert hat (vgl. V. 781 ff.).

Adams geschickte Überredungsstrategie

Adam gibt sich in der geschilderten Situation scheinbar zunächst geschlagen, weckt aber Eves Interesse, als er ihr rät, sich für Ruprechts Vermögen als Erbin eintragen zu lassen. Dies bringt Eve aus dem Gleichgewicht. Adam zögert seine Enthüllung weiter heraus, indem er die Befehlskette aller aufzählt, die der Trommel folgen, also mitmarschieren müssen, während am Ende die abstrakte Staatsmacht die Fäden in der Hand halte. Dieser wird unterstellt, „in Gedanken weit herum[zuziehen]“ (V. 2040) und unersättlich neue Truppen einzuberufen. Eve mag dies nicht glauben, doch wankt sie in ihrem Vertrauen, als Adam die Einberufung zur Landwehr mit einer Mausefalle vergleicht, in die die unwissenden Rekruten gelockt würden. Gegen Eves Zusicherung der Geheimhaltung sagt er ihr nun, dass die Rekruten für Batavia[1] bestimmt seien, um dort zugunsten der Kaufleute gegen die Einheimischen zu kämpfen.

---

[1] Batavia: von 1619 bis 1799 das Hauptquartier der Niederländischen Ostindien-Kompanie in Asien

Kritik an Eroberungskriegen und am Kolonialismus

Auffallend sind die kritischen Kommentare in Bezug auf Besetzung bzw. Kolonialismus sowohl auf Adams als auch auf Eves Seite. Adam bezeichnet die niederländische Herrschaft sogar als „Raub“ (V. 2060), den die Niederlande an den rechtmäßigen Herrschern begehe.
Eves Vertrauen in die Staatsgewalt gerät nunmehr ins Wanken. Adam setzt nach und verweist auf ein entsprechendes Schriftstück, wohl wissend, dass Eve nicht lesen kann, wie diese auch selbst zugibt. Durch diesen Beweis wird Eve endgültig aus der Bahn geworfen. Genau wie Adam sieht Eve einen Kolonialkrieg als allein den Interessen der Kaufleute dienend und hält es nun für gerechtfertigt, „List gegen List“ (V. 2090) einzusetzen. Sie verspricht Adam als Gegenleistung, alles zu tun, „was Er nur redlich fordern“ (V. 2092) könne. Adams Angebot, das Attest abends vorbeizubringen, lehnt sie ab.

Adams Überredungsstrategie und Eves Reaktionen

Angebot eines gefälschten Attests → Ablehnung, weil als Lüge sündhaft

→ Aufforderung an Eve, sich als Erbin eintragen zu lassen → Beunruhigung und Neugier

→ gegen Verpflichtung Eves zum Schweigen Enthüllung, dass Rekruten nach Batavia verschifft werden

↓ Vorlesen des angeblichen Befehls

→ Bekenntnis Eves, dass sie Analphabetin sei

↓ „List gegen List“ (V. 2092): Einwilligung zur Ausstellung des Attests gegen schickliche (!) Gegenleistung, Ablehnung von Adams Angebot, das Attest abends vorbeizubringen

➡ **gezielte Zerstörung von Eves Vertrauen in staatliche Institutionen**

Eves Widerstand gegen Adams Annäherungsversuche

Die Fassung des Varianten zeigt also viel deutlicher als die gekürzte Fassung, dass Eve zu keinem Zeitpunkt vorhat, auf Adams Annäherungsversuche einzugehen. Auch das Geschehen am Abend wird jetzt genauer erläutert. Unter dem Vorwand, am nächsten Tag früh verreisen zu müssen, erscheint Adam dennoch und beginnt, Eve Avancen zu machen. Dass diese ihn in ihre Kammer gelassen hat, erklärt sie dadurch, dass Adam behauptet habe, sich nicht mehr an Ruprechts Nachnamen erinnern zu können. Zudem macht er sich über dessen Dummheit lustig, indem er Ruprechts Nachnamen zu „Simpel oder Gimpel" (V. 2159) verballhornt. Für Eve ist damit klar, dass das Attest ohne bzw. mit falschem Namen wertlos ist. Adam bietet jedoch an, den Namen mit der mitgebrachten Tinte in Eves Kammer einzutragen. Sie weist dies brüsk von sich, worauf Adam sie unter Druck setzt, indem er seine Rückkehr erst in drei bis acht Tagen ankündigt. Erst jetzt ist Eve bereit, Adam in ihre Kammer zu lassen, wo er beginnt, sich ihr zu nähern, indem er Weste und Perücke ablegt und sie an den Händen fasst. Als er zu sprechen beginnt, um seine Absichten zu erklären, weist Eve ihn deutlich zurück, bevor schließlich Ruprecht erscheint. Auf seiner Flucht habe ihr Adam noch zu schweigen geboten und dann, beim Mitnehmen der Perücke, den Krug vom Sims gestoßen. Sie habe Ruprecht anschließend alles erklären wollen, doch der habe sie vor die Brust gestoßen und später sogar noch nach ihr getreten. Anschließend sei ihre Mutter ins Zimmer gestürmt und habe sie auf Ruprechts Vorwürfe hin gefragt, ob ein anderer den Krug zerbrochen habe. Eve behauptet, gar nicht geantwortet zu haben und somit nur durch ihr Schweigen gelogen zu haben, was erneut zeigt, wie wichtig die Befolgung der christlichen Zehn Gebote für Eve ist. Sowohl Ruprecht als auch Marthe beharren jedoch darauf, dass Eve auf die Frage hin genickt habe, was Eve sichtlich in große Not stürzt (vgl. V. 2289).

Unterschiedliche Wahrnehmung der sprachlichen und körpersprachlichen Signale

Walter erklärt nun, dass die Landwehr definitiv nicht nach Batavia eingeschifft werden solle, und ruft auch Licht als Zeugen hierfür auf. Doch Eves Vertrauensverlust ist so groß, dass sie Walters Erklärung keinen Glauben schenkt. Auch seinem Ehrenwort will sie nicht vertrauen, zumal nun auch Ruprecht anführt, dass eine solche zwangsweise Verschiffung von Rekruten nach Ostindien schon vorgekommen sei. Auf Walters Nachfragen konkretisiert er dieses noch einmal: „Vor sieben Jahren soll was Ähnliches/Im Land geschehen sein" (V. 2329 f.).

Fragwürdige Wiederherstellung des Vertrauens in den Staat durch Walter

Präzedenzfall für den missbräuchlichen Einsatz von Rekruten

Als Walter Ruprecht auffordert, nach Utrecht zu gehen, ist für Eve sicher, dass sie diesen nie wiedersehen wird. Der Dialog zeigt, wie vollkommen das Vertrauen in staatliche Institutionen, aber auch in den Wahrheitsgehalt von Sprache gestört ist. Durch Ruprechts Einwurf ist auch für den Leser/die Leserin bzw. den Zuschauer/die Zuschauerin nicht mehr klar, ob Adam nicht vielleicht doch die Wahrheit gesagt haben könnte. Walter greift in dieser Situation zu einem letzten Mittel, um das Vertrauen wiederherzustellen. Er bietet Eve einen Beutel mit Goldmünzen an, um Ruprecht vom Wehrdienst freizukaufen, mit der Auflage, das Geld mit Zinsen zurückzuzahlen, wenn die Landwehr nicht nach Ostindien verschifft werde. Aber erst das auf die Münzen geprägte Antlitz „des Spanierkönigs“ (V. 2370) stellt das Vertrauen Eves wieder her. Es entbehrt nicht einer gewissen Ironie, dass es sich um spanische Dublonen mit dem Porträt des Königs handelt, also das Geld jenes Herrschers, gegen den die Niederländer zuvor ihre Freiheit erkämpft hatten. Ein schriftlich fixierter Vertrag sowie Bargeld ersetzen also das blinde Vertrauen und das gegebene Wort von Amtsträgern. Dies kann auch als Kritik an der neuen Rechtsordnung gesehen werden. Für Eve ist die Angelegenheit mit diesem Angebot aber geklärt. Immer wieder fordert sie Walter auf, das Geld zurückzunehmen (vgl. V. 2366 ff.).

Ausschärfung der Gesellschaftskritik

Auch kommt es jetzt zu einer kurzen Aussprache zwischen den anderen Prozessbeteiligten, die die Versöhnung sehr viel plausibler erscheinen lässt. Eher noch etwas stärker akzentuiert wird jedoch die Offenheit des weiteren Schicksals Adams, für den nur noch in Aussicht gestellt wird, er werde wohl „auf irgendeinem Platze noch zu erhalten sein“ (V. 2421), wenn die Kassen richtig seien. Somit zeigt der Variant eine deutlich schärfer akzentuierte gesellschaftliche und psychologische Dimension des Dramas auf und kann außerdem die Versöhnung der Beteiligten besser nachvollziehbar erscheinen lassen.

Hintergründe

Der zeit- und epochengeschichtliche Hintergrund

„Die Französische Revolution, Fichtes Wissenschaftslehre und Goethes Meister sind die größten Tendenzen des Zeitalters. Wer an dieser Zusammenstellung Anstoß nimmt, wem keine Revolution wichtig scheinen kann, die nicht laut und materiell ist, der hat sich noch nicht auf den hohen weiten Standpunkt der Geschichte der Menschheit erhoben." (Friedrich Schlegel, 116. Athenäumsfragment)

Epochenumbruch um 1800

Kleist lebte in einer Zeit, die geprägt war von Umbrüchen und großen Veränderungen, sowohl auf gesellschaftlicher als auch auf politischer Ebene. Allerdings versteht man diese Epoche nur unzureichend, wenn man nicht die geistesgeschichtlichen Umbrüche mitberücksichtigt, auf die Friedrich Schlegel (1772–1829) in seinem viel zitierten und häufig auch etwas belächelten Athenäumsfragment hinweist. Mit der Aufklärung und der Betonung des eigenständigen Denkens kommt der Literatur und Philosophie plötzlich eine Stellung zu, die dazu geführt hat, die Epoche auch als „Kunstepoche" zu bezeichnen, in der die Bedeutung von Kunst und Philosophie äußerst

Berlinische Monatsschrift.

1784.

Zwölftes Stük. December.

1.

Beantwortung der Frage:
Was ist Aufklärung?

(S. Decemb. 1783. S. 516.)

Aufklärung ist der Ausgang des Menschen aus seiner selbst verschuldeten Unmündigkeit. Unmündigkeit ist das Unvermögen, sich seines Verstandes ohne Leitung eines anderen zu bedienen. Selbstverschuldet ist diese Unmündigkeit, wenn die Ursache derselben nicht am Mangel des Verstandes, sondern der Entschließung und des Muthes liegt, sich seiner ohne Leitung eines andern zu bedienen. Sapere aude! Habe Muth dich deines eigenen Verstandes zu bedienen! ist also der Wahlspruch der Aufklärung.

Faulheit und Feigheit sind die Ursachen, warum ein so großer Theil der Menschen, nachdem sie die Natur längst von fremder Leitung frei gesprochen

B. Monatsschr. IV. B. 6. St. Hh (na-

Auftaktseite des Erstdrucks von Kants „Was ist Aufklärung?"

hoch war. Auch für die Persönlichkeit und das Werk Heinrich von Kleists waren diese Einflüsse entscheidend, entweder als Anregung (Philosophie) oder in teilweise bewusster Abgrenzung (Französische Revolution, Goethe)[1].

Die Bedeutung der Aufklärung

Ideengeschichtlich wurden diese Umbrüche von der Aufklärung ausgelöst, die Europa im 18. Jahrhundert maßgeblich beeinflusst hat und als Auslöser der Französischen Revolution gesehen werden kann. Leitgedanken dieser Strömung waren Gleichheit und Freiheit aller Menschen, Toleranz der Religionen und ein moderner Verfassungsstaat anstelle des Absolutismus. Verstand und Wissen standen nun über dem Glauben und dem Gefühl und sollten den Menschen leiten. Der Philosoph Immanuel Kant (1724–1804) formulierte den Wahlspruch der Aufklärung: „Sapere aude! Habe Mut, dich deines eigenen Verstandes zu bedienen!" (1784) Die Epoche der Aufklärung stellte also den mündigen Menschen in den Mittelpunkt.

Auch Kleist wurde durch die Lehren Kants beeinflusst, sogar so tiefgreifend, dass er ungefähr zur Zeit der ersten Entwürfe zu „Der zerbrochne Krug" in eine schwere Krise geriet, die sogenannte Kant-Krise.[2]

Die Französische Revolution

1. Phase: bürgerliche Revolution

Am unmittelbarsten wirkte die Französische Revolution auf das Leben der Menschen. Diese begann 1789 und führte zur Abschaffung des Absolutismus und der Ständegesellschaft. Damit einher ging die Erklärung der Menschen- und Bürgerrechte, die am 26. August 1789 verabschiedet wurden. Zentraler Gedanke dabei war die Aussage, dass alle Menschen von Geburt an frei und gleichberechtigt sein sollten. Freiheit und Gleichheit sollten von nun an bestimmend für die gesellschaftliche Stellung des Menschen sein. Zudem sollte jeder Bürger/jede Bürgerin das Recht auf Eigentum und politische Mitbestimmung haben.

---

[1] Siehe auch die Biografie zu Heinrich von Kleist, S. 118 f.

[2] Ebd.

Hinrichtung Ludwigs XVI. durch die Guillotine

Die Gedanken der Französischen Revolution verbreiteten sich wie ein Lauffeuer in ganz Europa. Die Herrscher der anderen Großmächte sahen von dem neuartigen Gedankengut der Revolution die Grundlagen ihrer Macht bedroht, weshalb unter anderem Österreich und Preußen ab 1792 militärisch eingriffen und versuchten, die Revolution einzudämmen und die absolute Monarchie in Frankreich wiederherzustellen. In Frankreich führte dies zu einer schweren inneren Krise. Mit der Mobilisierung des Volkes durch die Einführung der Wehrpflicht sowie die Massenhinrichtungen in der Phase der sogenannten Terrorherrschaft (1793/94) gelang es den Revolutionären jedoch, den Vormarsch der Preußen und Österreicher zu stoppen und ihrerseits zum Gegenangriff überzugehen. Für das Ansehen der Revolution in Deutschland, wo viele Bürgerinnen und Bürger die Abschaffung des Absolutismus zunächst mit Sympathie verfolgt hatten, bedeuteten die Hinrichtung des französischen Königs Ludwig XVI. sowie der Terror jedoch einen Einschnitt. Viele wandten sich enttäuscht und entsetzt von der neuen Tyrannei im Namen der Vernunft ab.

2. Phase: Terrorherrschaft

Folgen der Revolution für Deutschland

Napoleon bei der Überquerung der Alpen

Kleist nahm als junger Offizier an den Feldzügen gegen Frankreich teil und erlebte die Geschehnisse, die auch ihn tief beeindruckten, hautnah mit. Mit der Offensive der Revolutionsarmeen begann auch der Aufstieg Napoleon Bonapartes (1769–1821), der seit 1799 Frankreich regierte und sich 1804 sogar zum Kaiser krönte. Ihm gelang es, immer mehr Staaten zu unterwerfen. In den von ihm abhängigen Rheinbundstaaten führte er umfassende Reformen des Justiz- und Verwaltungssystems durch, unter anderem die Einführung des Code Civil, des ersten bürgerlichen Gesetzbuchs, das für eine Vereinheitlichung des Rechts und für Rechtssicherheit sorgte. Auf die hiermit verbundenen Umstellungen spielt auch „Der zerbrochne Krug“ an, etwa im Gespräch zwischen Walter und Adam über die Reform des Rechtswesens (vgl. V. 297 ff.). Die hohen Abgaben sowie die Verpflichtung zur Bereitstellung von Truppen führten jedoch zu einer zunehmenden Unzufriedenheit innerhalb der deutschen Bevölkerung. Auch hierzu finden sich Anspielungen im Drama, indem immer wieder auf die Unbeliebtheit des Dienstes in der Armee angespielt wird. Marthe behauptet an einer Stelle sogar, dass „die jungen Landessöhne [aus]reißen“ (V. 1310). Als Preußen in der Schlacht bei Jena und Auerstedt 1806 gegen Napoleon eine katastrophale Niederlage erlitt, die beinahe zum Zusammenbruch des gesamten preußischen Staates geführt hätte, wurde der Modernisierungsstau in Armee, Verwaltung und Wirtschaft deutlich. Wollte man in Zukunft gegen Frankreich bestehen, mussten schnell energische Maßnahmen eingeleitet werden. Nach dem Frieden von Tilsit im Juli 1807, durch den Preußen erheblich geschwächt, aber immerhin intakt gelassen wurde, wurden umfassende Reformen durchgeführt. Freiherr vom Stein (1757 – 1831) und Karl August von Hardenberg (1750 – 1822) waren dabei die treibenden Kräfte für die staatliche Neuordnung. Allen Untertanen des preußischen Königs wurde die freie Berufswahl zugestanden, zudem wurde die Erbuntertänigkeit[1] der Bauern aufgehoben und jeder hatte das Recht des Eigentumserwerbs. Dieser Teil der Reformen bildet auch einen Hintergrund des Dramas „Der zerbrochne Krug“, in dem Kleist das System der bisher praktizierten grundherrschaftlichen Gerichtsbarkeit karikierte, aber auch Zweifel am neu eingeführten System erkennen lässt. Es folgten Militärreformen und Reformen des Bildungswesens, welche das Bürgertum stärkten.

Edict
den
erleichterten Besitz
und
den freien Gebrauch des Grund-Eigenthums,
so wie die persönlichen Verhältnisse
der
Land-Bewohner
betreffend.
Memel, den 9ten October 1807.
Berlin,
gedruckt bey Georg Decker, Königl. Geheimen Ober-Hofbuchdrucker.

Titelblatt des Oktoberedikts zur Bauernbefreiung (1807)

[1] Erbuntertänigkeit: Siehe die Informationen zur Grundherrschaft, S. 107 ff.

Der Einfluss der Literatur

Diese philosophischen und politischen Veränderungen schlugen sich natürlich auch in der Literatur der Zeit nieder, die einen großen Einfluss insbesondere auf das Bürgertum ausübte. Gleich drei Epochen zeigten sich dabei um 1800, also der Zeit, als auch „Der zerbrochne Krug" entstand, als wirkmächtig. Neben der Epoche der Aufklärung (ca. 1720–1800), die den vernunftbegabten Menschen in den Mittelpunkt stellt und deren Ideen die Französische Revolution mit ausgelöst hatten, und der Epoche der Weimarer Klassik (ca. 1786–1805), deren Menschenbild geprägt ist von dem Streben nach Harmonie, der Überwindung von (politischen) Extremen und dem Glauben an die Möglichkeit einer Erziehung des Menschen zum Guten durch die Literatur, vor allem durch das Theater, trat die Epoche der Romantik (ca. 1795–1840), die in der Zusammenführung von Rationalität und Emotionalität, aber auch im Fantastischen und in der Betonung der „dunklen", irrationalen Seite des Menschen ihre Schwerpunkte sah, immer mehr in den Vordergrund.

Denkmal Goethes und Schillers in Weimar

Kleists Werk lässt sich keiner dieser Strömungen eindeutig zuordnen. So zeigt etwa „Der zerbrochne Krug" mit den Figuren Licht und Walter aufklärerische Züge. Jedoch werden diese Figuren nicht nur positiv dargestellt. Das Erziehungsziel der Weimarer Klassik wird durch die Form und das Verhalten der Figuren parodiert, indem diese etwa in der gehobenen Form des Blankverses sprechen, sich aber derb und oft auch grob ausdrücken. Auch die Romantik wird von Kleist hier eher kritisch gesehen und parodiert. Der in der Romantik verbreitete Glaube an das Übernatürliche, der in vielen Werken seinen Niederschlag in Form von Spukphänomenen und übernatürlichen Erscheinungen fand, wird in Form des primitiven Aberglaubens der Dorfbewohnerinnen und -bewohner als absurd gekennzeichnet. Zugleich macht diese Uneindeutigkeit auch die Modernität der Werke Kleists aus. Diese Andersartigkeit seiner Werke ist sicher auch ein Grund, weshalb er zeitlebens im Schatten der großen Epochenvertreter seiner Zeit stand und seine Werke, anders als die Goethes (1749 – 1832) und Schillers (1759 – 1805), erst Jahre später weite Verbreitung fanden.

Sonderrolle Kleists in der Literaturgeschichte

Die Grundherrschaft und das preußische Justizsystem um 1800

Die Verhältnisse auf dem Land hatten sich in Preußen wie in weiten Teilen Europas seit Jahrhunderten nur wenig verändert.

Auch hier dominierte in Form der Grundherrschaft als einer Form der Feudalherrschaft, in der der Grundherr als Eigentümer von Land und Leibeigenen eine entscheidende Rolle spielte, eine Herrschaftsform, die letztlich auf das Mittelalter zurückgeht (s. Abb. S. 108). Die Grundherrschaft war gekennzeichnet durch eine klare Hierarchie. An der Spitze stand der Grundherr, oft ein Adliger oder ein Großgrundbesitzer, dem das Land gehörte. Ihm untergeben waren die Bauern oder Leibeigenen, die auf dem Land des Grundherrn arbeiteten und ihm Abgaben leisten mussten. Doch nicht nur in wirtschaftlicher Hinsicht waren die Bauern von ihren Grundherren abhängig, vielmehr war die grundherrli-

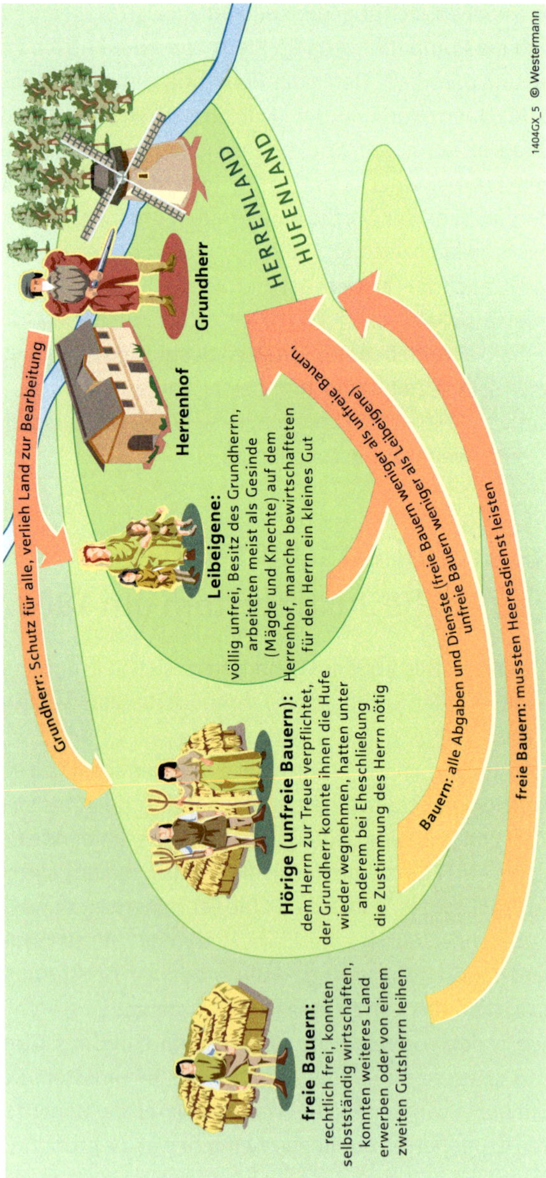
Grundherr: Schutz für alle, verlieh Land zur Bearbeitung
Grundherr
Herrenhof
HERRENLAND
HUFENLAND
Leibeigene:
völlig unfrei, Besitz des Grundherrn, arbeiteten meist als Gesinde (Mägde und Knechte) auf dem Herrenhof, manche bewirtschafteten für den Herrn ein kleines Gut
Hörige (unfreie Bauern):
dem Herrn zur Treue verpflichtet, der Grundherr konnte ihnen die Hufe wieder wegnehmen, hatten unter anderem bei Eheschließung die Zustimmung des Herrn nötig
freie Bauern:
rechtlich frei, konnten selbstständig wirtschaften, konnten weiteres Land erwerben oder von einem zweiten Gutsherrn leihen
Bauern: alle Abgaben und Dienste (freie Bauern weniger als unfreie Bauern, unfreie Bauern weniger als Leibeigene)
freie Bauern: mussten Heeresdienst leisten
1404GX_5 © Westermann

che Gerichtsbarkeit ein zentrales Instrument zur Aufrechterhaltung dieser Hierarchie.

Rechtsprechung durch den Grundherrn

Diese war ein eigenständiges Rechtssystem, das dem Grundherrn die Befugnis gab, über seine Untertanen zu richten. Diese Gerichtsbarkeit erstreckte sich über zivile und kleinere strafrechtliche Angelegenheiten innerhalb des grundherrlichen Territoriums. Der Grundherr konnte Gerichte einberufen, Urteile fällen und Strafen verhängen. Dies hatte tiefgreifende Auswirkungen auf die soziale Struktur der preußischen Gesellschaft, denn die Bauern waren in hohem Maße von der Willkür des Grundherrn abhängig, der nicht nur über ihre rechtliche Position, sondern auch über ihre wirtschaftliche Existenz entscheiden konnte. Diese Ungleichheit und Abhängigkeit öffnete natürlich auch der missbräuchlichen Machtausübung Tür und Tor. Zudem konnte von einer professionellen Justiz auf dem Lande keine Rede sein, denn nur wenige Grundherren besaßen mehr als rudimentäre[1] juristische Kenntnisse, ähnlich wie Adam, der über eine nur geringe juristische Ausbildung verfügt und freimütig bekennen muss, „nicht studiert“ (V. 1122) zu haben.

Die Kritik durch die Aufklärung

In der Zeit der Aufklärung, also im 18. Jahrhundert, geriet dieses System zunehmend in die Kritik. Der preußische Staat begann, die Professionalisierung der Justiz voranzutreiben, um eine Rechtseinheitlichkeit herzustellen und den Machtmissbrauch zu bekämpfen. Die Arbeiten hieran zogen sich in der Phase des sogenannten aufgeklärten Absolutismus unter König Friedrich II. (1712 – 1786) über Jahrzehnte hin und konnten erst 1794 abgeschlossen werden. Das dann veröffentlichte Allgemeine Preußische Landrecht, das am 1. Juni 1794 in Kraft trat, war das Ergebnis dieser Bemühungen und stellte damals eines der modernsten Gesetzbücher der Zeit dar.

[1] rudimentär: nur in Ansätzen erkennbar

Vom Umfang her war es ein gewaltiges Werk, das aus über 19000 Paragrafen bestand und sich bemühte, alle denkbaren Fälle zu behandeln. Wenn Walter also im Schauspiel „Der zerbrochne Krug“ bemängelt, dass es zu viele Vorschriften (vgl. V. 324) gebe, kann man das auch als Reaktion auf diese Regelungswut verstehen. Auf der anderen Seite führte die Zahl der Vorschriften aber auch dazu, dass Fälle von willkürlicher Rechtsprechung durch die Grundherren seltener vorkamen.

Das preußische Landrecht zwischen Beharrung und Fortschritt

Zudem beinhaltete das preußische Landrecht bahnbrechende Rechtsgrundsätze wie die Gleichheit der Bürger und Bürgerinnen vor dem Gesetz. Gleichzeitig, und das ist der Widerspruch, festigte es aber auch noch ein letztes Mal die feudale Ordnung auf dem Land. Das Ständesystem wurde nicht angetastet und die grundherrliche Gerichtsbarkeit blieb grundsätzlich bestehen. Erkennbar ist diese Diskrepanz besonders gut im Strafrecht: Während Preußen als erster Staat der Welt bereits im Jahr 1740 die Folter als Mittel der Wahrheitsfindung vor Gericht abgeschafft hatte, womit man einer zentralen Forderung der Aufklärung nachkam, blieb die Todesstrafe nicht nur bestehen, sondern wurde noch, wenngleich selten, auf mittelalterliche Art wie dem Rädern vollzogen. Viele der von den Figuren in „Der zerbrochne Krug“ angeführten Strafen existierten also noch, wenngleich eher als Überbleibsel einer vergangenen Zeit.

Der Status der Bauern

Auch die Rechte der Bauern wurden genauer definiert. Diese erlangten, allerdings nur auf den Gütern in Staatsbesitz, persönliche Freiheit, und die grundherrliche Gerichtsbarkeit wurde ein Stück eingeschränkt. Von Freiheit und Gleichberechtigung konnte hingegen noch keine Rede sein. So mussten die Bauern weiterhin um Erlaubnis fragen, wenn sie heiraten wollten, was ihnen aber auch nicht ohne guten Grund verweigert werden durfte. Sie konnten bestraft werden und mussten festgelegte Abgaben und

Dienste leisten. Vor Ort führte die Einführung des Landrechts zu einigen Auseinandersetzungen und Streitigkeiten, auf die auch das Drama Bezug nimmt, zum Beispiel, wenn Adam auf die Verärgerung des Schulmeisters sowie des Predigers wegen der Abschaffung des Sackzehnten hinweist (vgl. V. 385), die deren Einkommen offenbar erheblich geschmälert hat.

Die Grundlagen, die im Landrecht von 1794 gelegt wurden, ebneten den Weg für die Bauernbefreiung von 1807 und für weitere Reformen im 19. Jahrhundert. Erst die Preußischen Reformen unter Freiherr vom Stein und Hardenberg in den Jahren 1807 – 1815 sowie weitere Verfassungsreformen im 19. Jahrhundert trugen dazu bei, die grundherrlichen Strukturen endgültig aufzulösen und die rechtliche Gleichheit voranzutreiben.

Die Niederlande vom 16. – 18. Jahrhundert

Ort und Zeit der Handlung: Niederlande

Ort und Zeit der Handlung sind die Niederlande im 17. Jahrhundert. Dies ist zum einen der Anregung durch den Kupferstich geschuldet, den Kleist für das Werk eines „niederländischen Meister[s]" (Vorrede, Z. 21) hielt. Zum anderen aber ermöglichte die Verlegung des Schauplatzes Kleist, seine Kritik am zeitgenössischen Justizwesen, aber auch an der napoleonischen Besatzung in eine für die Zensur akzeptable Form zu bringen, indem er sie gleichsam versteckte.

Die Niederlande entstanden als Staat mit dem Westfälischen Frieden von 1648. Dem voraus ging ein etwa achtzigjähriger Krieg um die Unabhängigkeit. Die Ursprünge des Konflikts lassen sich auf politische, religiöse und wirtschaftliche Spannungen zwischen den niederländischen Provinzen und dem spanischen König Philipp II. (1527 – 1598) von Spanien zurückführen.

Übergarbe der niederländischen Provinzen durch Karl V. an seinen Sohn Philipp II. im Jahr 1555. Kupferstich von Simon Fokke

Gründe der Entfremdung von Spanien

Die Niederlande, die zu dieser Zeit eine wohlhabende Region mit bedeutendem Handel und florierender Wirtschaft waren, wurden seit der Mitte des 16. Jahrhunderts von Philipp II. regiert, dem 1555 in einer feierlichen Zeremonie in Brüssel, die auf dem dem Drama namengebenden Krug abgebildet war, die Krone von seinem Vater übergeben worden war.

Religion

Als überzeugter Katholik war Philipp II. entschlossen, die Ausbreitung der Reformation in seinen Herrschaftsgebieten zu stoppen. Diese Haltung stieß insbesondere in den protestantischen Regionen der spanischen Niederlande auf starken Widerstand.

Philipp II. regierte autoritär und verfolgte eine strikte religiöse Linie. Er ernannte hohe spanische Beamte, um die politischen und religiösen Angelegenheiten in den Niederlanden zu kontrollieren, was den Unmut der einheimischen Bevölkerung weiter verstärkte. Insbesondere protestantische Gruppen sahen sich zunehmender Verfolgung ausgesetzt, was zu einer wachsenden Unzufriedenheit und Unruhe führte.

Finanzielle Belastung

Ein weiterer entscheidender Faktor waren die finanziellen Belastungen, die Philipp II. den spanischen Niederlanden auferlegte, um seine zahlreichen militärischen Unternehmungen zu finanzieren. Diese Steuerlast war hoch, was bei den wohlhabenden Bürgern und Kaufleuten in den wirtschaftlich florierenden Regionen auf starken Widerstand stieß.

Auch die Einführung der Inquisition in den Niederlanden durch Philipp II. verstärkte die Spannungen noch zusätzlich. Die Inquisition sollte die Ausbreitung des Protestantismus bekämpfen und Ketzer aufspüren, was zu zahlreichen Hinrichtungen und Repressionen führte.

Rebellion und Unabhängigkeitskrieg

Die Unzufriedenheit der Bevölkerung führte schließlich zur offenen Rebellion, die sich zu einem ausgedehnten bewaffneten Konflikt entwickelte. Der Widerstand gegen die spanische Herrschaft wurde in verschiedenen Städten und Provinzen sichtbar, die sich gegen die königlichen Truppen erhoben. Die erste Phase des Krieges war von wechselndem Erfolg geprägt, wobei die Niederlande zeitweise unabhängige Gebiete ausrufen konnten. Ein Schlüsselmoment war die Erklärung der Unabhängigkeit der Republik der sogenannten Sieben Vereinigten Provinzen im Jahr 1581 durch die Union von Utrecht. Die Republik erklärte sich für unabhängig und löste formell die politischen Verbindungen zu Philipp II. und Spanien auf.

Die weiteren militärischen Auseinandersetzungen waren wechselvoll. Die Niederländer erhielten Unterstützung von verschiedenen ausländischen Mächten, darunter England und Frankreich, die ihre Rivalitäten mit Spanien zum Anlass nahmen, um die Niederlande zu unterstützen. Der Krieg zog sich über Jahrzehnte hin, unterbrochen durch verschiedene Waffenstillstände und Friedensverhandlungen. Gelöst wurde der Konflikt im Zusammenhang mit dem

Ende des Dreißigjährigen Krieges (1618–1648). Mit der Unterzeichnung des Westfälischen Friedens von 1648 musste Spanien die Unabhängigkeit der Republik der Sieben Vereinigten Provinzen offiziell anerkennen, während die südlichen Provinzen, aus denen später Belgien entstand, weiterhin unter spanischer Herrschaft verblieben.

Kolonialherrschaft und Verlust der Unabhängigkeit

Der Niederländische Unabhängigkeitskrieg hatte tiefgreifende Auswirkungen auf das politische, religiöse und wirtschaftliche Leben der Region. Die Republik der Sieben Vereinigten Provinzen entwickelte sich zu einer der führenden Handels- und Seemächte des 17. Jahrhunderts. Hierzu gehörte auch der Erwerb von Kolonien, die auch im Drama eine Rolle spielen. Die drohende Verschiffung nach Batavia ist für Eve der Anlass, nach einem Ausweg zu suchen, und für Adam das Druckmittel, Eve zu erpressen, damit Ruprecht nicht sein Leben lassen muss, um „Raub/Zum Heil der Haager Krämer" (V. 2060 f.) zu begehen. Seit Anfang des 17. Jahrhunderts kämpften die Niederlande und England um den Besitz der Insel Java. Nach dem Sieg über die Engländer wurde Batavia (das heutige Jakarta) zum wichtigsten Handelsstützpunkt der Niederlande. Die niederländische Ostindien-Kompanie wurde vor allem durch den Handel mit Gewürzen zu einem der größten Handelsunternehmen der Welt. Gegen Ende des 17. Jahrhunderts setzte jedoch allmählich der Niedergang ein. 1795 wurden die Niederlande von Frankreich erobert und 1810 von Frankreich auch formell annektiert. Erst 1815 erlangten die Niederlande, nun als Königreich, wieder ihre Unabhängigkeit.

Kleists Biografie

Heinrich von Kleist. Kreidezeichnung, um 1831/37 von Wilhelmine Krug, geb. Zenge, der Verlobten des Dichters

Kleist als Außenseiter

Das satirische Blatt (s. S. 117) zeigt die Berliner Gesellschaft um 1801 in der Gestalt von Tieren, die etwas über den Charakter der dargestellten Personen aussagen. Unter den vielen Gestalten fällt eine besonders auf: Im Bildvordergrund steht abseits mit gesenktem Kopf eine gestiefelte katzenköpfige Gestalt, die sich von der Gesellschaft abwendet. Diese Person wird von vielen Wissenschaftlerinnen und Wissenschaftlern als Heinrich von Kleist identifiziert. Die Darstellung sagt viel über Kleists zweifelhaften Ruf aus: Er galt als ein Sonderling und Außenseiter, der jedoch aufgrund seiner Herkunft als zur besseren Gesellschaft zugehörig gesehen wurde. Auch die Darstellung als gestiefelter Kater ist aussagekräftig: Im Märchen der Brüder Grimm „Der gestiefelte Kater“ frisst der listige Kater den bösen Schlossbesitzer, der seine Bauern unterdrückt. Das Märchen wurde oft als Versinnbildlichung einer Revolution verstanden. Kleist galt also offenbar auch als aufrührerisch.

Herkunft und Jugend

Bedenkt man Kleists Herkunft, ist eine solche Charakterisierung überraschend, denn er wurde am 18. Oktober 1777 als ältester Sohn des Stabskapitäns Joachim Friedrich von Kleist und dessen zweiter Frau Juliane Ulrike, geb. Pannwitz, in Frankfurt an der Oder geboren, gehörte also mithin zum preußischen Dienstadel. Kleist hatte insgesamt sechs Geschwister und wurde nach dem Tod seines Vaters mit nur elf Jahren 1788 zur Erziehung nach Berlin gegeben. Zu seiner Halbschwester Ulrike hatte er ein besonders inniges Verhältnis und stand mit ihr bis zu seinem Tod am 21. November 1811 in engem Kontakt. An sie schrieb er eine Reihe von erhalten gebliebenen Briefen, die viel über seine Vorstellungen und Gedanken verraten.

Ulrike von Kleist (1774 – 1849)

Ausscheiden aus dem Militärdienst

Seine berufliche Laufbahn schien durch seine Herkunft zunächst vorgezeichnet. Den Militärdienst, den er 1792 aufnahm, beendete er allerdings schon 1799, da ihm der strenge preußische Drill und die rohen Umgangsformen widerstrebten. Immerhin wurde er zum Leutnant befördert und nahm als junger Offiziersanwärter an den Kriegen Preußens gegen Frankreich teil (1793 – 1795).

Das Neue Goldene Zeitalter. Satirischer Kupferstich mit einer Reihe von Salongästen, 1801.

Ungeliebtes Studium und Verlobung

Das Verlassen des Militärdienstes bedeutete einen ersten Karriereknick. Die Familie besaß kein Landgut und kein großes Vermögen, sodass Kleist auf einen Beruf zum Broterwerb angewiesen blieb. Zunächst begann er ein Studium (Volkswirtschaftslehre, damals Kameralia genannt, und Recht) an der Universität Frankfurt/Oder, brach es aber nach nur drei Semestern ab, um sich zusammen mit seiner Halbschwester Ulrike auf Reisen zu begeben. Auch privat verlief das Leben Kleists unstet. Zwar erfolgte 1800 eine Verlobung mit Wilhelmine von Zenge (1780 – 1852), der Tochter des Frankfurter Garnisonschefs, welche Kleist 1802 jedoch wieder löste.

Wilhelmine von Zenge (1780 – 1850)

Die sog. Kant-Krise

Kleist beschäftigte sich in dieser Zeit intensiv mit philosophischen Schriften. In seiner Suche nach einer eigenen Identität beeinflussten ihn die Schriften des Philosophen Immanuel Kant (1724 – 1804) maßgeblich. Er geriet durch die Lektüre 1801 in eine große Identitätskrise, die sogenannte Kant-Krise, da er Kants Werken entnahm, dass es keine objektive Wahrheit gebe bzw. dass es dem Menschen unmöglich sei, die Wirklichkeit objektiv zu erkennen. In einem seiner Briefe an seine Verlobte Wilhelmine schrieb Kleist am 22. März 1801:

> „Wenn alle Menschen statt der Augen grüne Gläser hätten, so würden sie urteilen müssen, die Gegenstände, welche sie dadurch erblicken, *sind grün* – und nie würden sie entscheiden können, ob ihr Auge ihnen die Dinge zeigt, wie sie sind, oder ob es nicht etwas zu ihnen hinzutut, was nicht ihnen, sondern dem Auge gehört. So ist es mit dem Verstande. Wir können nicht entscheiden, ob das, was wir Wahrheit nennen, wahrhaft Wahrheit ist oder ob es uns nur so scheint."[1]

---

[1] Heinrich von Kleist: Sämtliche Werke und Briefe. Hrsg. von Helmut Sembdner. Zweibändige Ausgabe in einem Band. München: dtv 2001. Band 2, S. 634.

Bisher war Kleist immer der Überzeugung gewesen, dass „*Bildung* [...] das einzige Ziel, das des Bestrebens, und *Wahrheit* der einzige Reichtum, der des Besitzes würdig“[1] seien. Diese Weltanschauung, in der das Streben nach Bildung und Wahrheit die obersten Ziele waren, wurde also in den Grundfesten erschüttert und die Erkenntnis, dass der Mensch nicht unterscheiden kann, ob etwas tatsächlich der Wahrheit entspricht oder nur so scheint, ließ Kleist verzweifeln. Diese Krise war auch ein zentraler Faktor bei Kleists Entscheidung, sein Studium abzubrechen.

Erste Versuche als Schriftsteller: erste Fassung des „Zerbrochnen Krugs“ (1802)

Anschließend folgte ein erneuter Versuch, im preußischen Staatsdienst unterzukommen. Er kehrte nach Berlin zurück, wo er als Gast an Sitzungen der Technischen Deputation, einem Beratungsgremium der Regierung, teilnahm, die ihn jedoch langweilten. Statt eine Anstellung anzunehmen, unternahm er in der Folge einige Reisen, auf denen er den Entschluss fasste, Schriftsteller zu werden. Auf einer dieser Reisen entstand in der Schweiz 1802 auch eine erste Fassung des Schauspiels „Der zerbrochne Krug“, die jedoch nie veröffentlicht wurde. Der Zusammenhang zur sogenannten Kant-Krise ist gerade bei diesem Werk eindeutig: Die Figuren scheitern alle beim Versuch, die Wahrheit zu erkennen, wenngleich diese ihnen doch direkt ins Auge zu springen scheint. Dies liegt daran, dass alle Figuren von bestimmten Vorannahmen ausgehen, die ihnen den Blick auf die Wahrheit verstellen. So ist beispielsweise Marthe fest davon überzeugt, dass es in ihrem Haus nichts gibt, das Adam locken könnte (vgl. V. 1605). Sie hinterfragt vor diesem Hintergrund nicht, warum Eve vor Gericht nicht den Namen des Mannes nennen will bzw. das Gericht als „Unglückszimmer“ (V. 502) tituliert. Auch der etwas dümmliche Ruprecht geht

[1] Heinrich von Kleist: Sämtliche Werke und Briefe. Hrsg. von Helmut Sembdner. Zweibändige Ausgabe in einem Band. München: dtv 2001. Band 2, S. 633.

von der Rechtschaffenheit Adams aus und kann deshalb nicht erkennen, dass die Person, der er am Abend vorher die Verletzungen zugefügt hat, direkt vor ihm sitzt. Auch die Bildung wird zum Ziel des Spotts, indem die juristische Fach- und Verwaltungssprache mit ihren lateinischen Fachbegriffen karikiert wird. Ein Wortungetüm wie „Rhein-Inundations-Kollektenkasse" (V. 348) dient letztlich nur dazu, zu verschleiern, dass den Dorfbewohnerinnen und -bewohnern unrechtmäßig das Geld aus der Tasche gezogen werden soll.

Rückkehr in den Staatsdienst und erneute Kündigung

Kleists finanzielle Situation wurde zunehmend heikler, sodass er sich erneut um eine Anstellung im Staatsdienst bemühte. 1804 erhielt er eine Stelle in der preußischen Finanzverwaltung in Königsberg. In dieser Zeit entstanden seine ersten Werke, zum Beispiel „Das Erdbeben in Chili"

Erste Werke

(Erzählung), „Michael Kohlhaas" (Erzählung) und „Der zerbrochne Krug". Der Staatsdienst langweilte ihn aber vermeintlicher rasch. Er bat um unbezahlten Urlaub und begab sich erneut auf Reisen. 1807 wurde er dabei von den Franzosen als vermeintlicher Spion verhaftet und verbrachte fast ein halbes Jahr im Gefängnis. Nach seiner Freilassung nahm er den Staatsdienst nicht wieder auf und hatte, durch eine erste Veröffentlichung ermutigt, die Idee, als Schriftsteller und Herausgeber zu leben.

Tätigkeit als Schriftsteller und Herausgeber

Ab 1808 gab er zusammen mit dem Philosophen und Juristen Adam Müller (1779–1829) die anspruchsvolle Kunstzeitschrift „Phöbus" heraus, welche aller-

Titelblatt des „Phöbus"

dings schon 1809 wieder eingestellt wurde. Kleist hatte ganz offensichtlich den Kreis der möglichen Leser/-innen überschätzt, wie er insgesamt auch zu optimistisch bezüglich der Verdienstmöglichkeiten eines Schriftstellers war. In einer Zeit, in der es noch kein Urheberrecht gab und Raubdrucke erfolgreicher Werke keine Seltenheit waren, konnten selbst Erfolgsautoren wie Goethe (1749–1832) oder Schiller (1759–1805) nicht vom Verkauf ihrer Werke leben. Immerhin gelang es ihm 1808, Goethe für eine Uraufführung von „Der zerbrochne Krug" zu gewinnen. Trotz des prominenten Regisseurs wurde die Aufführung ein kompletter Misserfolg.[1] Um überhaupt Geld zu verdienen, veröffentlichte er zwei Bände mit seinen gesammelten Erzählungen, die wegen ihrer Themen, der Sprache und ihrer Gewaltdarstellungen aufsehenerregend waren. Dennoch reichte das Geld nicht aus, sodass Kleist und Adam Müller einen weiteren Plan verfolgten: Sie veröffentlichten mit den „Berliner Abendblättern" (1810) die erste Tageszeitung Berlins. Kleist selbst steuerte Erzählungen und Artikel bei, schon bald aber blieb auch hier der Erfolg aus, auch weil das Blatt mit seinen antifranzösischen Artikeln gegen die strengen preußischen Zensurbestimmungen verstieß, da Preußen zu dieser Zeit noch einen offenen Konflikt mit Frankreich vermeiden wollte. Als das Blatt schließlich im März 1811 eingestellt wurde, stand Kleist finanziell vor dem Nichts. Sein Antrag auf eine staatliche Pension wurde abgelehnt, die Veröffentlichungen weiterer Werke brachten nur wenig Geld ein.

Selbstmord 1811

Im Alter von nur 34 Jahren beging Kleist am 21. November 1811 gemeinsam mit der verheirateten und unheilbar krebskranken Henriette Vogel Selbstmord, indem er zunächst sie und dann sich am Berliner Wannsee erschoss.

---

[1] Siehe die Informationen zur Entstehung und Rezeption des Dramas, S. 123f.

Persönliches Glück und die angestrebte Anerkennung sind ihm bis zu seinem Lebensende weitgehend versagt geblieben. Kleist starb als jemand, der in der Gesellschaft immer ein Außenseiter geblieben war und deshalb der Meinung war, dass ihm „auf Erden nicht zu helfen war“[1], wie er in seinem Abschiedsbrief an seine Halbschwester Ulrike schrieb.

Henriette Vogel (1780 – 1811)

Das Grab Heinrich von Kleists und Henriette Vogels am kleinen Wannsee in Berlin

---

[1] Heinrich von Kleist: Sämtliche Werke und Briefe. Hrsg. von Helmut Sembdner. Zweibändige Ausgabe in einem Band. München: dtv 2001. Band 2, S. 887.

Entstehung und Rezeption des Dramas

Ein Dichterwettstreit

Die ersten Entwürfe zum Schauspiel „Der zerbrochne Krug" entstanden während einer Reise Kleists in die Schweiz im Jahr 1802. Dort traf er vermutlich im Frühjahr mit den Schriftstellern Heinrich Zschokke (1771–1841), Ludwig Wieland (1777–1819) und Heinrich Geßner (1768–1813) zusammen. Es kam angeblich zu einem Dichterwettstreit, wie Zschokke später berichtete:

„In meinem Zimmer hing ein französischer Kupferstich, *La cruche cassée*. In den Figuren desselben glaubten wir ein trauriges Liebespärchen, eine keifende Mutter mit einem zerbrochenen Majolika-Kruge und einen großnasigen Richter zu erkennen. Für Wieland sollte dies Aufgabe einer Satire, für Kleist zu einem Lustspiele, für mich zu einer Erzählung werden. – Kleists *zerbrochner* Krug hat den Preis davongetragen."[1]

Kleist selbst berichtet nichts von einem solchen Wettbewerb, bestätigt in der Vorrede zum Drama aber indirekt die Angaben: „Ich nahm die Veranlassung dazu aus einem Kupferstich, den ich vor mehreren Jahren in der Schweiz sah." (S. 5, Z. 3ff.) Es kann jedoch als sicher gelten, dass Kleist 1802 nur den Anfang des Dramas in einer ersten Fassung fertigstellte. 1803 findet sich dazu ein weiterer Hinweis, als Kleist seinem Freund Ernst von Pfuel die ersten drei Auftritte diktierte, weil dieser behauptet hatte, Kleist würde keine Komödie zustande bringen. Fertiggestellt wurde das Lustspiel jedoch erst in Kleists Königsberger Zeit 1806. Noch bevor er von den Franzosen Anfang 1807 wegen angeblicher Spionage verhaftet wurde, hatte er das Manuskript an seinen Freund Adam Müller geschickt. Dieser wiederum schickte eine Abschrift im Juli 1807 nach Weimar, als

---

[1] Heinrich von Kleist: Sämtliche Werke und Briefe in vier Bänden. Hrsg. von Ilse M. Barth, Hinrich C. Seeba, Klaus Müller-Salget und Stefan Ormanns. Frankfurt 1986–1997. Bd. 1, S. 732.

Misserfolg der Uraufführung

Ursachen des Misserfolgs

Johann Wolfgang von Goethe in seiner Funktion als Theaterdirektor eine neue Komödie zur Aufführung suchte. „Der zerbrochne Krug" wurde somit das erste Stück Kleists, das zur Aufführung gelangte. Die Uraufführung durch den erfahrenen Regisseur Goethe wurde am 18. März 1808 zu einem Debakel, wie ein Rezensent mit einiger Häme berichtet:

„Aus *Weimar*. Neulich wurde hier zur Fastnacht ein neues burleskes[1] Lustspiel von Herrn *v. Kleist* gegeben: ‚der zerbrochene Krug'. Die Geschichte des Stücks ist wirklich komisch, und es würde gewiss sehr gefallen haben, wenn es auf einen Akt zusammengedrängt und alles gehörig in lebhafte Handlung gesetzt wäre. Stattdessen ist es aber in drei lange Akte abgeteilt, und besonders wird im letzten Akte so entsetzlich viel und alles so breit erzählt, dass dem sonst *sehr geduldigen* Publikum der Geduldfaden endlich ganz riss, und gegen den Schluss ein solcher Lärm sich erhob, dass keiner imstande war, von den ellenlangen Reden auch nur eine Silbe zu verstehn. Unsre neuesten Poeten von Talent sind so stolz, dass sie glauben, dem Publikum alles bieten zu können, und dass sie meinen, es müsse sich schon geehrt fühlen, wenn man sich nur herablasse, ihm etwas zum Besten zu geben."[2]

Über die Gründe für dieses Scheitern ist viel gemutmaßt worden, einige Anhaltspunkte bietet diese Rezension.
Goethe hatte das Stück als Regisseur in drei Akte mit dazwischenliegenden Pausen aufgeteilt. Hierdurch verlor das Drama merklich an Schwung. Zudem wurde vor dem Drama noch eine einaktige Oper aufgeführt, sodass der Abend viel zu lang wurde. Die Rolle des Adam hatte Goethe mit einem bekannten Tragödiendarsteller besetzt, der seinen Text ohne Humor, aber mit viel Pathos[3] vortrug.
Kleist, der für sein impulsives Temperament bekannt war, geriet über die Nachricht des Misserfolgs außer sich und wollte sich sogar mit Goethe duellieren. Er beließ es jedoch

---

[1] burlesk: derb komisch

[2] Zitiert nach: Bernd Hamacher: Erläuterungen und Dokumente. Heinrich von Kleist: „Der zerbrochne Krug". Stuttgart 2010, S. 76 f.

[3] Pathos: Gefühl, feierliches Ergriffensein

bei giftigen Epigrammen[1] und schreckte auch nicht davor zurück, Goethes Privatleben zur Zielscheibe seines Spotts zu machen. Goethe reagierte seinerseits mit bissigen Versen, nahm die Auseinandersetzung ansonsten jedoch nicht allzu ernst. Auf Goethes Unterstützung konnte Kleist bei weiteren Projekten jedoch nicht mehr rechnen. Auszüge aus „Der zerbrochne Krug" ließ Kleist in seiner Zeitschrift „Phöbus" drucken, damit die Leser/-innen sich selbst ein Bild davon machen konnten, ob das Stück wegen mangelnder Qualität durchgefallen sei.

Dass die Ursachen des Scheiterns nicht allein im mangelnden Fingerspitzengefühl Goethes lagen, muss Kleist später selbst aufgegangen sein. Als 1811 das Drama das erste Mal in Buchform erschien, hatte der Dichter erhebliche Änderungen vorgenommen. Schon der Rezensent hatte bemängelt, dass „im letzten Akt entsetzlich viel und alles so breit erzählt" (s. S. 124) worden sei, dass im Publikum Unruhe ausgebrochen sei. Kleist reagierte auf diese Kritik mit einer deutlichen Kürzung des 12. Auftritts um mehr als 450 Verse. Die ursprüngliche Fassung war dem Autor jedoch so wichtig, dass sie der Buchfassung als „Variant" beigefügt wurde, eine Bezeichnung, die sich bis heute gehalten hat.

Anhaltender Bühnenerfolg

Nach Kleists Tod stellte sich bald auch der Bühnenerfolg des Stückes ein, der bis heute anhält. „Der zerbrochne Krug" gehört auf deutschsprachigen Bühnen zu den meistgespielten älteren Komödien. Der Erfolg hängt auch mit der Vielschichtigkeit zusammen. Einerseits existiert eine Vielzahl von Inszenierungen und sogar Bearbeitungen in Mundart (Dialekt), die die turbulente Komik des Stücks in den Vordergrund stellen, sodass das Drama geradezu als volkstümlicher Klamauk erscheint. Auf der anderen Seite dominieren insbesondere auf größeren Bühnen Inszenierungen, die die ernsthafte Seite und die Sozialkritik des

[1] Epigramm: kurzes Spottgedicht

Stücks in den Mittelpunkt stellen. Diese nehmen dabei auch den Varianten wieder auf, auch wenn dies die Aufführungsdauer deutlich erhöht.

Filmische Umsetzungen

Diese Tendenzen zeigen sich auch bei den Verfilmungen. Die älteste filmische Umsetzung von 1937 mit dem bekannten Schauspieler Emil Jannings als Richter Adam inszeniert das Drama eher schwankartig und lebt sehr von der Präsenz des Hauptdarstellers. Ähnliches gilt für den Fernsehfilm von 1990, in dem die Rolle Adams von Günter Strack verkörpert wird. Der im selben Jahr entstandene Fernsehfilm von Dieter Dorn geht hingegen einen anderen Weg und inszeniert das Drama inklusive des Varianten als ernste Komödie.

Zur Gattung der Komödie

Drei Grundformen dramatischer Dichtung

Die Komödie (auch Lustspiel genannt) gehört zusammen mit der Tragödie (Trauerspiel) und dem Schauspiel zu den drei Grundformen dramatischer Dichtung.
Der griechische Philosoph Aristoteles (384 – 322 v. Chr.) hat in seinem Werk „Poetik“ die Grundlagen der Dramatik beschrieben und dabei sowohl die Tragödie als auch die Komödie betrachtet. Aristoteles argumentierte, dass die Tragödie das Mitleid und die Furcht im Publikum erwecken solle, während die Komödie das Lachen und die Freude fördere. Während die Tragödie sich auf ernste Themen wie Schuld, Rache und Schicksal konzentriert, behandelt die Komödie oft Alltagsleben, menschliche Schwächen und absurde Situationen. Ein weiterer Unterschied zwischen den beiden dramatischen Gattungen zeigt sich bei den auftretenden Figuren. Während in der Tragödie wegen der notwendigen Fallhöhe Figuren aus den höheren und höchsten gesellschaftlichen Schichten auftreten, besteht das Perso-

Komödie

nal der Komödie meist aus einfachen Menschen.[1] Dies erlaubt es den Dichtern und Dichterinnen, die Figuren der Lächerlichkeit preiszugeben, denn ein wesentliches Merkmal der Komödie ist ihre Fähigkeit, die gesellschaftlichen Normen und Konventionen zu hinterfragen und zu kritisieren. Durch humorvolle Übertreibungen und satirische Darstellungen will die Komödie soziale Missstände und Ungerechtigkeiten aufdecken und diese zur Diskussion stellen. Sie bietet dem Publikum einen Spiegel, in dem es seine eigene Welt reflektieren kann, während es gleichzeitig über sie lacht. Dies gilt auch für den „Zerbrochnen Krug", denn hinter den lustigen Verwicklungen, die auf der Bühne gezeigt werden, stehen ernste und für die Zeitgenossen aktuelle Probleme wie der Zustand der Justiz und der Machtmissbrauch.

Die Komik entsteht dabei durch den Widerspruch zwischen Schein und Sein, der bei den Leserinnen/Lesern bzw. Zuschauerinnen/Zuschauern Lachen auslöst. Dieser Widerspruch kann zum Beispiel in der Situation oder auch im Charakter der Figuren liegen, wie im Falle Adams, der komisch wirkt, weil ein Gegensatz zwischen seiner Position als Richter und seinem Verhalten besteht. Aber auch die Situation, dass nämlich ein Richter zu verschleiern versucht, dass er selbst der Täter in dem Prozess ist, dem er vorsitzt, ist als komisch zu charakterisieren.

Die Mittel, mit denen die Komödie dieses Ziel erreicht, sind vielfältig und reichen von der Verwendung von humorvollen Situationen und Dialogen bis zu Verwechslungen, Missverständnissen, Wortwitz, Wortverdrehungen u. v. m.

---

[1] In der Dramentheorie spricht man von der sogenannten Ständeklausel.

Das Drama „Der zerbrochne Krug“ in der Schule

Der Blick auf die Figuren: Die Personencharakterisierung

Eine literarische Figur charakterisieren – Tipps und Techniken

In einer literarischen Charakterisierung analysiert man neben den äußeren Merkmalen besonders die inneren Wesenszüge einer literarischen Figur. Auf diesem Wege gelangt man zu einer Gesamtinterpretation der Figur. Sämtliche Elemente der Charakterisierung – äußere Merkmale, charakterisierende Aussagen sowie weiterführende Deutungen – basieren auf der Textvorlage. Bei einem dramatischen Text ist es dabei wichtig, nicht nur die Figurenreden zu untersuchen, sondern auch die Regieanweisungen. Durch direkte und indirekte Textbelege lassen sich die Aussagen über die zu charakterisierende Figur in nachvollziehbarer Weise begründen.
Für die Erarbeitung einer literarischen Charakterisierung können unter anderem folgende Aspekte und Leitfragen von Bedeutung sein:

1. **Personalien und sozialer Status**
   - Was erfahren wir über Name, Geschlecht, Alter und Beruf der Figur?
   - Werden auffällige äußere Merkmale beschrieben?
   - Wie stellen sich Lebensverhältnisse und das soziale Umfeld der Figur dar?
   - Gibt es Informationen zur Vorgeschichte der Figur?

2. Wesentliche Charaktereigenschaften

- Zeigt die Figur typische Verhaltensweisen und Gewohnheiten?
- Was sind ihre hervorstechenden Wesensmerkmale und Charakterzüge?
- Welche Umstände prägen und bestimmen ihre Existenz?
- Welches Bild hat die Figur von sich selbst?
- Welche inneren Einstellungen, welches Weltbild hat sie?
- Zeigt die Figur eine Veränderung in ihren äußeren Merkmalen bzw. eine innere Entwicklung?
- Wie wird sie durch die anderen Figuren wahrgenommen?
- Welcher Art sind die Beziehungen zwischen ihr und anderen Figuren?

3. Sprachgebrauch und Sprachverhalten

- Wie kann man den Sprachgebrauch der Figur allgemein beschreiben (Sprachebene, Sprachstil)?
- Welche Auffälligkeiten lassen sich auf Satz- und Wortebene erkennen (Satzbau, Wortwahl ...)?
- Welche kommunikativen Aussagen werden durch die nonverbale Kommunikation (Gestik, Mimik, Körperhaltung) transportiert?
- Welches Gesprächsverhalten, welche Gesprächsstrategien verfolgt die Figur?

4. Zusammenfassende Bewertung

- Wie lässt sich die Funktion der Figur für das Drama beschreiben?
- Welche Gesamtdeutung der Figur ergibt sich aus den gewonnenen Erkenntnissen?

Diese Zusammenstellung dient als „Checkliste“ für die Erarbeitungsphase der Charakterisierung.

Die folgenden Kurzcharakterisierungen der wichtigsten Figuren des Dramas bieten die wesentlichen inhaltlichen Anhaltspunkte für die Gestaltung einer Charakterisierung. Die Reihenfolge entspricht der des Personenverzeichnissen.

Walter

Personalien und sozialer Status

Gerichtsrat Walter ist die höchstrangige Figur in dem Drama. Er entwickelt sich im Verlauf des Dramas zu Adams wichtigstem Gegenspieler und sorgt schließlich auch für seine Absetzung als Dorfrichter. Als Gerichtsrat ist er Adams Vorgesetzter. Sein Name wird üblicherweise von ‚walten‘ (herrschen, verwalten) hergeleitet, was seine Funktion im Drama ziemlich exakt beschreibt.

Über sein Alter und seine Herkunft erfährt man im Lustspiel nichts. Erwähnt wird lediglich, dass er noch nicht lange das Amt des Gerichtsrats ausübt und in Utrecht den Rat Wacholder abgelöst hat. Ihm eilt offenbar ein Ruf der Strenge voraus, der sich erhärtet, als er am Tag vor seinem Erscheinen in Huisum im Nachbarort Holla Richter und Schreiber vom Dienst suspendiert hat (vgl. V. 101 ff.). Dass der dortige Dorfrichter anschließend versucht hat, sich zu erhängen, verleiht ihm in den Augen Adams und Lichts eine zusätzliche Aura der Strenge.

Berufliches Selbstverständnis

Er selbst tritt bei seinem Auftreten in Huisum aber zunächst freundlich und verbindlich auf. Er bezeichnet es als seinen Auftrag, die „Rechtspfleg auf dem platten Land [zu] verbessern“ (V. 298), die er schon im Voraus als „mangelhaft“ (V. 299) bezeichnet. Auch in Bezug auf die Verwaltung erwartet er „Unordnung“ bzw. „Verworrenheit“ (V. 342), was zeigt, dass er als Städter keine allzu hohe Meinung von den Behörden auf dem Land hat. Ähnliches gilt für die Landbevölkerung, deren Aberglauben er als aufgeklärter Mensch verachtet, was sich deutlich zeigt, als Frau Brigitte den Teufel als vermeintlich Schuldigen erkannt zu haben glaubt

(„Blödsinnig Volk, das!“, V. 1700). Auch seine Bemerkung, dass er schon froh sei, wenn die Zustände „erträglich“ (V. 304) seien, unterstreicht dies. Seine Zusicherung, dass sein „Geschäft auf dieser Reis [...]/ Ein strenges noch nicht“ (V. 301 f.) sei, unterstreicht scheinbar sein joviales, zugewandtes Verhalten, deutet aber auch an, dass sich unter seiner Führung die Verhältnisse auf dem Lande rasch ändern werden, zumal auch der Vorfall in Holla anzeigt, dass „Missbrauch“ (V. 300) und „Veruntreuung“ (V. 343) auch auf dieser ersten Reise nicht geduldet werden.

Walter macht gegenüber Adam schnell deutlich, was er sich unter einer korrekten Amtsführung vorstellt, nämlich die genaue Einhaltung der Vorschriften und Formalitäten. Besonders wichtig ist ihm dabei die Ehre des Gerichts, daher reagiert er auch sehr unwirsch, als er erfährt, dass Adam den Prozess ohne Perücke abhalten muss (vgl. V. 373 ff.). Dementsprechend lehnt er auch lange Zeit Adams Angebot eines ausgiebigen Frühstücks samt Frühschoppen ab.

Wesentliche Charaktereigenschaften Strenge und Prinzipientreue

Auffallend ist auch, dass er nur wenig Mitgefühl bzw. menschliche Regungen zeigt. Der Selbstmordversuch des Amtsrichters von Holla ist für ihn ein unangenehmer Vorfall, „der mir die heitre Laune störte“ (V. 335), was die vermeintliche Milde, mit der er zuerst aufgetreten ist, als bloße Fassade erscheinen lässt. Aufgrund seiner raschen Auffassungsgabe bemerkt er die Mängel in der Amtsführung Adams fast augenblicklich, sowohl bei seiner Frage nach der Zahl der Kassen (vgl. V. 345) als auch schon vor der Eröffnung des Prozesses (vgl. V. 540 ff.). Gerade hierbei wird deutlich, wie genau Walter die Gesetze beachtet sehen will. Für mündlich überlieferte Traditionen und Bräuche, auf die Adam sich beruft, hat er wenig Verständnis. Schon bald nach Prozessbeginn droht er Adam damit, ihn durch seinen Schreiber Licht zu ersetzen (vgl. V. 614 ff.). Diese Drohungen wiederholt er noch zwei weitere Male, beim zweiten Mal und dritten Mal bereits in der Form einer Ankündigung (vgl. V. 835 ff. und V. 1121). Dass er Adam trotz fortgesetzter Verstöße gegen juristische Prinzipien und seiner fachlichen Wissenslücken nicht sofort vom Amt suspendiert, lässt sich nur so erklären, dass für ihn das Ansehen des Gerichts schwerer wiegt als die Prozessführung in einem unbedeutenden Fall in erster Instanz. Weitere Indizien hierfür sind sein Angebot an Adam, dieser solle ihm die Wahrheit heimlich mitteilen (vgl. V. 1629 ff.), um ihn von der Öffentlichkeit unbemerkt suspendieren zu können, und seine brüske Zurechtweisung Eves, die er an den Respekt erinnert, den man „dem Richter schuldig“ (V. 1211) sei.

Sprachgebrauch und Sprachverhalten Gehobene Sprache

Auch in seinem Sprachgebrauch unterscheidet sich Walter deutlich von der Dorfbevölkerung und auch Adam. Während die Dorfbewohnerinnen und -bewohner ungehemmt fluchen und einander beschimpfen, wahrt Walter fast immer die Form und bedient sich einer gehobeneren Sprache. Dies ändert sich erst, als nach Adams Entlarvung ein Tumult ausbricht, in dem Walter Mühe hat, die Kontrolle zu bewahren. Erst hier vergreift auch er sich im Ton (vgl. V. 1887,1891). An diesem Kontrollverlust trägt er jedoch aufgrund seiner Prinzipientreue eine Mitschuld. Indem er Adam trotz dessen Enttarnung zur Formulierung eines Urteils drängt, überstrapaziert er die Geduld der Dorfbevölkerung. Diese Prinzipienreiterei tut seinem persönlichen Ansehen bei den Dorfbewohnerinnen und -bewohnern allerdings keinen Abbruch. Eve rühmt sogar die menschlichen Züge, „die [ihm] vom Antlitz strahlen“ (Variant, V. 1953), was allerdings nicht dazu führt, dass sie seinen Worten Glauben schenkt, bevor er nicht durch das Angebot einer Geldzahlung den Worten Taten folgen lässt (vgl. V. 1937).

Zusammenfassende Bewertung

Walter verkörpert somit die von der Aufklärung beeinflusste Justiz in einem sich modernisierenden Staat. Sein Charakter erscheint jedoch ambivalent, weil der Unbestechlichkeit und Verlässlichkeit auch negative Charakterzüge wie Pedanterie, also übergenau zu sein, eine übertriebene Sorge um das öffentliche Ansehen sowie eine gewisse Hartherzigkeit gegenüberstehen.

Adam

Personalien und sozialer Status

Dorfrichter Adam ist der Dreh- und Angelpunkt des Dramas. Er ist in jeder Beziehung die Hauptfigur des Schauspiels, denn er hat den größten Redeanteil und selbst in den Auftritten, in denen er nicht auf der Bühne ist, dreht sich das Geschehen um ihn bzw. sein Verhalten. Er ist ein vermutlich älterer, unverheirateter Mann, denn er rechnet sich selbst zu den „verrufnen hagestolzen Leuten“ (V. 1452) und soll mit dem verstorbenen Mann von Frau Marthe Rull gleichaltrig sein, was zu einem Alter von etwa Mitte 50 passen würde. Äußerlich ist er wenig attraktiv. Trägt er nicht seine zur Amtstracht gehörige Perücke, ist er kahlköpfig und besitzt kaum mehr als „drei Haare“ (V. 1498). Sein linker Fuß ist offensichtlich verkrüppelt und wird als „Klumpfuß“ (V. 25) bezeichnet. Über seine soziale Stellung erfährt man nicht viel: Er gehört als Dorfrichter des niederländischen Huisum zu den angesehenen Personen im Dorf (sog. Honoratioren), hat sich aber mit dem Schulmeister und dem Pfarrer überworfen (vgl. V. 383 f.) und scheint lediglich mit dem Küster bzw. dessen Frau noch engeren Kontakt zu pflegen. Auch mit dem Kollegen aus dem Nachbardorf hat er gelegentlich sozialen Kontakt. Bei diesen Kontakten ist ihm das gesellige Beisammensein mit reichlich gutem Essen und Wein wichtig, was sich an seiner Einschätzung seines Kollegen Pfaul aus dem Nachbardorf zeigt, den er „als Kerl, mit dem sich’s gut zusammen war“ (V. 121) beschreibt.

Wesentliche Charaktereigenschaften

Prinzip der Gegenseitigkeit

Vor allem aber sind seine Beziehungen auf dem Prinzip des Gebens und Nehmens aufgebaut. Er ist bereit, das, was er besitzt, mit anderen zu teilen, wenn er dafür eine Gegenleistung erhält. Dies gilt zum Beispiel für seine Beziehung zum Schreiber Licht, dem er für einen späteren Zeitpunkt seine Hilfe bei dessen Bemühungen, Dorfrichter zu werden, anbietet, wenn dieser ihm bei der anstehenden Revision hilft (vgl. V. 128 ff.). Es zeigt sich ebenso in den zahlreichen Versuchen, die Sympathie Walters mit gutem Essen und Wein zu gewinnen. Letztlich sind auch seine Annäherungsversuche an Eve von diesem Prinzip geprägt. Er verschafft ihr das gewünschte ärztliche Attest, das Ruprecht die Dienstuntauglichkeit bescheinigt hätte, und erwartet dafür eine entsprechende Gegenleistung. Wenngleich er im Dorf offenbar nur wenige soziale Kontakte pflegt und selbst die Frau seines verstorbenen Freundes nur selten besucht, wird er offensichtlich von den Bewohnerinnen und Bewohnern geachtet, und er verfügt über einen guten Ruf, denn keiner der Anwesenden hat ihn als Junggesellen in Verdacht, den Frauen oder jungen Mädchen nachzustellen, denn auch Marthe Rull ist davon überzeugt, dass es in ihrem Haus nichts gebe, woran Adam interessiert sein könne (vgl. V. 1604 f.).

Eher geringer Bildungsgrad

Dorfrichter ist er scheinbar schon seit langer Zeit. Er verfügt über eine gewisse formale Ausbildung. Im Bereich des Staatsrechts kennt er zumindest den Namen der bedeutendsten Autorität Samuel von Pufendorf, den er allerdings falsch ausspricht („Puffendorf“, V. 312). Auch ist ihm aus der antiken Geschichte der Name Demosthenes (384 – 322 v. Chr.) ein Begriff, doch unterlaufen ihm in den Details schnell Fehler (vgl. V. 143 ff.). Er weiß, dass Licht an rhetorischen Vorbildern wie Cicero (106 – 43 v. Chr.) geschult wurde, kennt diese also, scheint aber selbst nicht über eine solche Ausbildung zu verfügen, wenngleich er zumindest Grundkenntnisse in der lateinischen Sprache vorweisen kann, wie sich aus den eingestreuten Fachbegriffen ersehen lässt. Im Bereich des juristischen Fachwissens zeigen sich erhebliche Lücken, sowohl im Bereich der Verfahrensführung als auch im Bereich des Faktenwissens (vgl. V. 1055 ff.). Dass er freimütig bekennt, „nicht studiert“

(V. 1122) zu haben, deutet darauf hin, dass er juristisch ein Laie ist, was jedoch zu der Zeit auf dem Land nicht völlig unüblich war. Er beruft sich mehrfach auf mündliche Gebräuche und tradierte Verfahrensvorschriften, um seine Abweichung vom offiziellen Prozessrecht, das ihm in Grundzügen durchaus geläufig ist (vgl. V. 566 ff.), zu rechtfertigen. Die sich mit dem Besuch des Gerichtsrats Walter abzeichnende Veränderung der Justiz gefährdet jedoch seine Position gleich in mehrfacher Hinsicht.

Korruption und chaotische Amtsführung

Zum einen ist Adams Amtsführung offenbar wenig sorgfältig. Die Registratur befindet sich in einem chaotischen Zustand und wird als Speisekammer missbraucht („Kuhkäse, Schinken, Butter, Würste, Flaschen“, V. 194), wobei wichtige Gerichtsakten als Umschlagpapier für Würste verwendet werden (vgl. V. 216). Dass es sich um „Pupillenakten“ (ebd.), also Vormundschaftsakten für Waisenkinder handelt, macht deutlich, dass Adam keine Rücksicht auf Schwächere nimmt und er sich für diese nicht einsetzt. Auch sonst macht das Gerichtszimmer, das zugleich auch der Wohn- und Schlafbereich ist, einen unordentlichen Eindruck. Gravierender noch ist, dass auch die von ihm geführten Kassen offenbar nicht sorgfältig verwaltet werden. Ob er selbst sich dabei der Unterschlagung schuldig gemacht hat, bleibt offen. Auffällig ist jedoch, dass Adam eine Kasse für den Fall einer Rheinüberflutung führt, obwohl der Rhein gar nicht über die Ufer getreten ist. Eine Unterschlagung dieser Gelder scheint jedoch unwahrscheinlich, denn Adam bekennt die Existenz dieser Kasse gegenüber Walter freimütig (vgl. V. 345 ff.). Ob diese Gelder jedoch Zinsen abwerfen, die von Adam möglicherweise hinterzogen werden, wird im Verlauf des Dramas nicht klar, wobei Adam seine Kassenführung für korrekt hält (vgl. V. 152). Ein mögliches Vergehen diesbezüglich wirft er unverblümt seinem Schreiber Licht vor, den er glaubt, damit in der Hand zu haben.

Licht ist wegen seiner besseren Ausbildung sowie seines Wissens um mögliche eigenwillige Handlungen des Richters, zu denen er im ersten Auftritt eine Reihe von Anspielungen fallen lässt (vgl. z . B. V. 9 ff.), ein gefährlicher Konkurrent, dessen Verhalten Adam während des gesamten Dramas argwöhnisch beobachtet. An der Richtigkeit der Kassen hängt am Ende Adams weiteres Schicksal, denn nur im Falle der korrekten Kassenführung kann dieser hoffen, trotz Amtsenthebung einigermaßen straffrei davonzukommen.

Anpassungsfähigkeit

Während des Prozesses zeigt Adam ein bemerkenswertes Geschick, seine Schuld zu verschleiern, indem er seine Strategie immer wieder anpasst und dabei eine erstaunliche Fähigkeit an den Tag legt, Geschichten ad hoc zu erfinden, um Auffälligkeiten, die zu seiner Entlarvung führen könnten, zu erklären.

Herablassendes Verhalten gegenüber den Dorfbewohnern und -bewohnerinnen

Den Dorfbewohnerinnen und -bewohnern gegenüber verhält er sich oft herablassend und grob. Unentwegt flucht und schimpft er. Den Mägden gebietet er „Halt’s Maul“ (V. 199, 232), während er Ruprecht gar androht, „ihm die Faust [in] den Rachen zu stopfen“ (V. 784), und ihn einen „Hund“ (V. 783) nennt. Auch sonst macht Adam aus seiner Geringschätzung gegenüber den Dorfbewohnerinnen und -bewohnern keinen Hehl. Er hält diese für dumm („Die Kerle unterscheiden ein Gesicht von einem Hinterkopf nicht“, V. 86) und nennt einen Bauern einen „triefäugigen[n] Schuft“ (V. 85). Walter gegenüber rechtfertigt er diese Behandlung damit, dass er behauptet, dass die Dorfbevölkerung nur eine solche Ansprache verstünden (vgl. V. 1124). Er stellt sein Verhalten ihnen gegenüber jedoch blitzschnell um, wenn ihre Aussagen ihm nützlich sind. So hofiert er Frau Marthe zu Beginn der Gerichtsverhandlung und bezeichnet sie als eine „ehrliche Frau, von gutem Rufe“ (V. 586), weil er hofft, mithilfe ihrer Aussage schnell Ruprecht als Täter verurteilen zu können. Als er später die Gelegenheit sieht, Lebrecht als Täter überführen zu können, beschimpft er Marthe als „verwünschte Vettel“ (V. 1201).

Unterwürfigkeit gegenüber Walter

Ganz anders ist Adams Verhalten gegenüber Walter. Dieser wird von ihm hofiert und umschmeichelt. Oft erscheint der Richter ihm gegenüber geradezu unterwürfig und übertreibt maßlos, wenn er beispielsweise seine angebliche Freude über dessen Besuch zum Ausdruck bringt (vgl. V. 286 ff.) und ihn später sogar indirekt als seinen Freund (vgl. V. 1455) bezeichnet, obwohl er ihn in dessen Abwesenheit kurz zuvor noch zum Teufel gewünscht hat. Einerseits redet er ihm nach dem Mund, so zum Beispiel bei den Fachgesprächen, andererseits versucht er, ihn in eine gewisse Richtung zu drängen, nämlich den Prozess zu vertagen. Zudem hat er die Absicht, den Gerichtsrat mit Alkohol abzulenken.

Schmeichelei und Drohungen gegenüber Licht

Sein Verhalten gegenüber Licht ist hingegen zwiespältig. Auf der einen Seite braucht Adam die Hilfe seines Schreibers, damit die Mängel seiner Amtsführung nicht auffliegen. Deshalb schmeichelt er ihm, beschwört ihre „Freundschaft“ (V. 128) und stellt ihm für die Zukunft auch seine Nachfolge in Aussicht. Zugleich sieht er in ihm jedoch auch einen Konkurrenten, der eine bessere Ausbildung hat als er selbst und dem er unterstellt, auf seinen Sturz hinzuarbeiten, weshalb er ihm droht, sein Vergehen bei der Kassenführung aufzudecken (vgl. V. 148 ff.).

Schlagfertigkeit und Erfindungsreichtum als wichtigste Charaktereigenschaften

Ganz außergewöhnlich ist Adams Schlagfertigkeit, wenn es darum geht, sich verbal aus brenzligen Situationen zu befreien. Als zu Beginn der Verlust seiner Perücke offensichtlich ist, erfindet Adam die Geschichte, eine Katze habe in die seinige „[g]ejungt“ (V. 243). Später erzählt er Walter, seine Perücke sei am vorausgehenden Abend ausgerechnet beim Aktenstudium in Flammen aufgegangen (vgl. V. 1489 ff.), um wiederum im elften Auftritt Ruprecht zu bezichtigen, dieser habe Adams zweite Perücke acht Tage zuvor nicht wie befohlen in Utrecht beim Perückenmacher abgeliefert, sondern sie stattdessen behalten. Adam kann nicht verhindern, dass er sich hierdurch in Widersprüche verwickelt, doch besteht sein Talent auch darin, teilweise die Wahrheit in seine Lügengeschichten mit einfließen zu lassen. So hat Adam Ruprecht tatsächlich acht Tage zuvor mit der Perücke nach Utrecht geschickt, und sogar die zunächst erfunden wirkende Geschichte vom kranken Perlhuhn, mit der Adam seine Kontaktaufnahme mit Eve vor dem Prozess rechtfertigt, entpuppt sich später als wahr (vgl. V. 558 ff., 1589 ff.).

Sprachgebrauch und Sprachverhalten

Ebenso wandelbar wie seine Strategien ist auch seine Sprache. Sein Vorgehen reicht von unterwürfiger Schmeichelei bis hin zu derben Flüchen, die je nach Adressaten/Adressatinnen und verfolgten Zielen wechseln. Sieht er in einer Person einen möglichen Verbündeten bzw. eine mögliche Verbündete, umschmeichelt er diese, während er zum Teil dieselbe Person beschimpft, wenn sie seinen lässt im Wege steht. Ähnlich wie Marthe greift er von anderen verwendete Wörter gerne auf und nutzt sie für seine Lügengeschichten.

Zusammenfassende Bewertung

Nicht zuletzt diese Erfindungsgabe, bei der Adam sich einerseits immer wieder herausredet, sich andererseits aber auch immer mehr verdächtig macht bzw. sich selbst verrät, lässt Adam trotz seiner Verbrechen auch ein wenig als einen sympathischen Halunken erscheinen.

Licht

Personalien und sozialer Status

Wie sein Name bereits andeutet, ist es vor allem Licht, der zur Aufklärung des zunehmend verworren erscheinenden Falles beiträgt. Als Schreiber ist er Dorfrichter Adam untergeordnet und für die niederen Arbeiten zuständig. Er muss die Parteien vor Gericht vorladen, während der Verhandlungen Protokoll führen und ist zumindest für die Verwaltung eines Teils der Kassen zuständig (vgl. V. 149). Im Gegensatz zu Adam hat Licht studiert und verfügt über eine gründliche Ausbildung, zum Beispiel auf dem Gebiet der Rhetorik (vgl. V. 135 f.). Dennoch ist er bislang nicht über das Amt eines Schreibers hinausgekommen, obwohl er seinen Dienst seit beinahe neun Jahren versieht (vgl. V. 328). Licht verfügt über eine rasche Auffassungsgabe und lässt von Beginn an Zweifel an Adams Geschichte erkennen. Seine Andeutungen bezüglich Adams Fall lassen erkennen, dass er um Adams Neigung, jungen Mädchen nachzustellen, weiß. Ob er bereits genauer über das Geschehen vom Vorabend informiert ist, bleibt zweifelhaft.

Wesentliche Charaktereigenschaften

Vorsicht beim Vorantreiben seiner Ambitionen

Adam sieht in Licht zugleich einen Verbündeten und einen gefährlichen Konkurrenten. Er weiß, dass Licht ihm intellektuell überlegen ist, und kennt dessen „Ehrgeiz" (V. 138), glaubt zugleich aber auch, diesen in der Hand zu haben, da er um dessen nicht korrekte Verwaltung der Kassen weiß. Licht fährt in dieser Situation mehrgleisig: Einerseits streitet er zu Beginn jegliche Ambitionen ab und verhält sich Adam gegenüber zunächst loyal, indem er etwa den Empfang Walters für den verwirrt erscheinenden Adam vorbereitet (vgl. V. 168 ff.). Auch nutzt er nicht die Gelegenheit, den Prozess selbst an sich zu ziehen, um sich zu beweisen, als Adam sich krankmelden will.

Ehrgeiz

Andererseits versucht er, sich sofort bei Walter einzuschmeicheln, indem er diesen auf eine lange Dienstzeit als Schreiber verweist und ihn immer wieder mit „Euer Gnaden" (z. B. V. 1608, 1619) anredet. Als Walter das erste Mal ankündigt, Adam seines Amtes zu entheben, und sich an Licht wendet („Herr Schreiber, wisst Ihr den Prozess zu führen?", V. 863), ist Licht sofort bereit, dieses zu übernehmen und den Prozess fortzusetzen (vgl. V. 864), fällt seinem Vorgesetzten also das erste Mal in den Rücken.

Doch Adam führt den Prozess sofort weiter und Walter insistiert nicht. Licht begibt sich daraufhin wieder in die Deckung zurück. In der Folge häufen sich die Hinweise, dass er Adam als Täter durchschaut hat und auf Adams Amtsenthebung hofft. Als scheinbar Einziger bemerkt er, dass Eves Weigerung, zu schwören, seltsam ist (vgl. V. 790). Man kann also erkennen, dass Adams Verdacht bezüglich Lichts Ehrgeiz berechtigt war.

Hohe Intelligenz und Kombinationsgabe

Lichts scheinbar verwirrende Bemerkungen über die Tatwaffe, mit der Ruprecht auf den flüchtenden Nebenbuhler eingeschlagen hat, lassen erkennen, dass er spätestens zu diesem Zeitpunkt die Zusammenhänge durchschaut hat (vgl. V. 983 ff.). Dass er mit seinem Wissen noch nicht hervortritt, zeigt, dass er weniger Aufklärer als Karrierist ist. Er arbeitet in der Folge auf Adams Entlarvung hin, geht dabei jedoch kein Risiko ein. Während der Aussage Frau Brigittes tritt er immer wieder als Co.-Zeuge auf und stülpt Adam schließlich, als die Wahrheit offenbar wird, die Perücke über und gibt damit das Signal für den Aufruhr (vgl. V. 1859 f.). Durch dieses geschickte Taktieren gelangt Licht schließlich ans Ziel: Er wird kommissarisch zu Adams Nachfolger ernannt. Ob er allerdings dauerhaft mit diesem Amt betraut wird, wird im Drama offengelassen. Angesichts der Andeutungen bezüglich Lichts Kassenführung sind sogar Zweifel angebracht.

Sprachgebrauch und Sprachverhalten

Auch Licht ist sprachlich anpassungsfähig und verwendet sprachliche Mittel, um den Gerichtsrat Walter für sich einzunehmen. Derbheiten gegenüber den Dorfbewohnerinnen und -bewohnern vermeidet er und verhält sich ihnen gegenüber höflich. Er scheut es zum Beispiel, Frau Brigittes abenteuerlichen Ausführungen direkt zu widersprechen, sondern setzt auf die Macht der Fakten, um Adam zu überführen.

Zusammenfassende Bewertung

Der vermeintliche Lichtbringer erweist sich damit als eine sehr zwiespältige Figur. Einerseits verkörpert er das aufklärerische Ideal, durch den Gebrauch der Vernunft zur Wahrheit zu gelangen. Andererseits wirken seine Äußerungen und sein Verhalten gegenüber Adam teilweise hinterlistig und manchmal auch boshaft.

Frau Marthe Rull

Personalien und sozialer Status

Marthe Rull ist die Klägerin, die mit ihrer Beschwerde die Handlung in Gang bringt. Sie ist die Besitzerin des Kruges, um den sich der Prozess dreht, und besteht energisch bis zum Schluss darauf, dass dem Krug sein Recht geschieht (vgl. V. 1972).

Aus ihrer Aussage vor Gericht sind ihre äußeren Lebensumstände gut ersichtlich: Sie ist 49 Jahre alt (vgl. V. 1143) und steht drei Tage vor ihrem 50. Geburtstag, der am 3. Februar sein wird (vgl. V. 1145). Ihr verstorbener Mann übte das Amt eines Verwalters eines öffentlichen Gebäudes (Kastellan) aus (vgl. V. 585) und hat ihr vor seinem Tod aufgetragen, ihrer einzigen Tochter Eve „einen wackern Mann" (V. 1149) zu verschaffen. Eve stellt deshalb Marthes Lebensmittelpunkt dar. Um ihre Tochter und sich zu ernähren, arbeitet sie als Hebamme. In der frühen Neuzeit wurde der Beruf der Hebammen zu den sogenannten unehrlichen Berufen gezählt. Von ihrem sozialen Status ist Marthe somit Teil einer Randgruppe der dörflichen Gemeinschaft, was jedoch durch Adams Aussage, sie sei „sonst eine ehrliche Frau, von gutem Rufe" (V. 586), relativiert wird. Man kann also davon ausgehen, dass die Rulls von der Dorfgemeinschaft akzeptiert werden. Dennoch stellt der Beruf sicher einen gewissen Makel dar, weshalb es umso wichtiger ist, diesen guten Ruf zu erhalten und – wenn nötig – auch zu verteidigen.

Wesentliche Charaktereigenschaften

Auf Ansehen der eigenen Familie bedacht

Dies ist auch eine Erklärung dafür, warum Marthe vor Gericht von Beginn an so temperamentvoll und aufbrausend auftritt. Auf der einen Seite ist es ihr bis zum Ende wichtig, den materiellen Schaden ersetzt zu bekommen, da der kunstvoll gearbeitete Krug nicht nur einen ideellen, sondern auch einen materiellen Wert darstellt. Dieser ist jedoch auf der anderen Seite für Marthe gegenüber der Verteidigung der Ehre ihrer Tochter zweitrangig, weswegen sie Veit Tümpels Versuche, sie durch das Inaussichtstellen einer Entschädigung zu besänftigen, auch empört zurückweist. Worum es ihr wirklich geht, macht sie Eve gegenüber deutlich: „Dein guter Name lag in diesem Topfe,/und vor der Welt mit ihm ward er zerstoßen“ (V. 490 f.). Für sie steht der gute Ruf ihrer Tochter auf dem Spiel, denn durch den nächtlichen Herrenbesuch auf ihrem Zimmer könnte der Eindruck entstehen, dass Eve moralisch leichtfertig ist, was Ruprecht, der diese mehrfach als „Metze“ beschimpft (V. 444, 467), bestätigt. Für Marthe gerät damit die Erfüllung des Versprechens an ihren Mann in Gefahr. Um diesem dennoch gerecht zu werden, stellt sie sogar eine Heirat ihrer Tochter mit Korporal Holzgebein (vgl. V. 470 ff.) in Aussicht, obwohl der Name und die Beschreibung andeuten, dass dieser als älterer Kriegsinvalide kaum Eves Interesse finden dürfte. Das Glück ihrer Tochter interessiert sie also erst in zweiter Linie, denn zunächst gilt es, den guten Ruf zu bewahren.

Aufbrausendes Temperament als hervorstechende Eigenschaft

Diese Befürchtung allein kann jedoch nicht erklären, warum sie Ruprecht und Veit Tümpel vor Prozessbeginn derartig wüst beschimpft. „Gesindel“ (V. 414), „Klugschwätzer“ (V. 417), „Flaps“ (V. 445) und „Maulaffe“ (V. 473) sind nur einige der Schimpfworte, mit denen sie ihre Kontrahenten im Verlauf der Verhandlung überzieht. Mit ihrer natürlichen rhetorischen Begabung hält sie wortgewaltig ihre Vorträge, in denen sie mit Worten spielt („entscheiden“, V. 417, „ersetzen“, V. 424, „entschädigen“, V. 438), das auf dem Krug abgebildete Geschehen lebhaft schildert und ihre Sicht auf die Ereignisse darstellt. Nicht einmal Walter ist ihrem Redeschwall gewachsen, als dieser sie auffordert, ihre Aussage zu kanalisieren und auf das Wesentliche zu beschränken („Dass aber weiß ich, dass ich, um zu klagen,/ Muss vor euch sagen dürfen, über was“, V. 718 f.).

Befangenheit in ihrer gefassten Meinung

Dabei lässt sie von ihrer einmal gefassten Meinung nicht ab und hinterfragt nicht, ob ihre Annahme, dass Ruprecht den Krug zerbrochen habe, der Wahrheit entspricht, obwohl ihre Aussage selbst nicht widerspruchsfrei ist: Erst gibt sie an, sie habe „laute Männerstimmen“ (V. 746) gehört, geht aber, da sie niemand anderen als Ruprecht im Zimmer vorfindet, sofort von dessen Täterschaft aus (vgl. V. 762 ff.). Sie glaubt also das, was sie sieht bzw. was sie glauben will, denn der nächtliche Besuch des Verlobten wäre bereits schändlich, jedoch eventuell noch verzeihlich, ein fremder Mann in Eves Zimmer würde jedoch Eves Ruf vollständig zerstören. Vor diesem Hintergrund erwartet sie von ihrer Tochter eine entsprechende Aussage und behauptet sogar, Eve habe Ruprechts Täterschaft beschworen (vgl. V. 780). Dass Eve dies bestreitet, interpretiert sie nicht etwa als Ausdruck ihrer Gewissensnot, sondern als Anzeichen ihrer Schuld, weswegen sie andeutet, dass in jedem anderen Falle Eve eine „liederliche Dirne“ (V. 807) sein müsse. Dies zeigt, wie fest Marthes Annahmen sind und wie wenig sie bereit ist, diese anzupassen. Dieser Starrsinn erreicht schließlich seinen Höhepunkt in einer (allerdings im Konjunktiv formulierten) Drohung, als Eve im neunten Auftritt Ruprecht entlastet, sich aber gleichzeitig weigert, den Täter zu nennen: „Den Stuhl setzt ich, zu ersten Einrichtung,/Ihr vor die Tür, und sagte, geh, mein Kind,/Die Welt ist weit, da zahlst du keine Miete,/Und lange Haare hast du auch geerbt,/Woran du dich, kommt Zeit, kommt Rat, kannst hängen.“ (V. 1293 ff.) Diese fürchterliche Drohung einer Verstoßung bleibt jedoch folgenlos, denn Marthe unternimmt stattdessen den Versuch, Ruprecht der Fahnenflucht (Desertion) zu beschuldigen, wobei Eve als naives Opfer von dessen Überredungskunst erscheint, was ihre Ehre nicht zerstören würde. Man kann daraus ersehen, dass Marthes Vertrauen in Eve zwar erschüttert wird, sie aber dennoch alles unternimmt, den Ruf Eves zu retten. Bedingungslos ist diese Liebe allerdings nicht, denn im Falle eines ernsten Fehltritts droht sie Eve mit Verstoßung.

Strikte moralische Prinzipien

Sprachgebrauch und Sprachverhalten

Obwohl ihr eine höhere Schulbildung fehlt, ist Marthe Rull (Rull bedeutet Walze oder Rolle) ihrem Namen entsprechend auch rhetorisch eine Naturgewalt. Wortgewaltig spielt sie mit Begriffen und erschafft komisch wirkende Sprachbilder (z. B. V. 417). Auch von Walter lässt sie sich in ihrem Redeschwall nicht bremsen, und sie besteht selbst am Ende noch auf ihrem Recht bezüglich des zerstörten Kruges.

Zusammenfassende Bewertung

Auch Marthe ist letztlich eine ambivalente Figur. Einerseits kämpft sie wie eine Löwin für ihre Tochter, da sie anders als diese erkannt hat, dass hier mehr auf dem Spiel steht als eine Sachbeschädigung, nämlich der gute Ruf ihrer Familie, der wegen ihres vermeintlich unehrlichen Berufes besonders wichtig ist. Andererseits hat sie die Moralvorstellungen der Gemeinschaft vollständig übernommen und wäre dementsprechend auch nicht bereit, Eve einen Fehltritt zu verzeihen, sondern würde diese verstoßen. Ihre aufbrausende Art wirkt auf die Leser/-innen bzw. Zuschauer/-innen einerseits komisch, andererseits durch die vielen von brutaler Gewalt geprägten Anspielungen auch erschreckend.

Eve

Personalien und sozialer Status

Eve Rull ist die einzige Tochter Marthes und des verstorbenen Kastellans. Sie hat im Drama einen recht begrenzten Redeanteil, ist jedoch insofern auch eine Hauptfigur, als um ihretwegen eigentlich der Prozess geführt wird und sie Opfer und Komplizin Adams zugleich ist. Ihre Verbindung zu diesem wird bereits durch die Namen hervorgehoben, die an die biblische Geschichte von Adam und Eva erinnern.

Ihr genaues Alter wird im Drama nicht genannt, doch wird sie als ein junges Mädchen im gerade erst heiratsfähigen Alter dargestellt. Laut Ruprecht ist sie „ein rüstig Mädel“ (V. 876), an dem vor allem die Arbeitskraft und der Fleiß hervorstechen. Einen Beruf übt sie nicht aus, hilft aber bei der Ernte und im Haus der Rulls mit. Auch in anderen Bereichen erweist sie sich als geschickt und hilfsbereit: Adams kranke Perlhühner versorgt sie bei Bedarf (vgl. V. 1590 ff.). Seit einiger Zeit ist sie mit Ruprecht Tümpel verlobt, die Hochzeit ist ursprünglich für Pfingsten vereinbart (vgl. Variant, V. 1972 ff.). Bis dahin lebt sie weiterhin bei ihrer Mutter, und zwar in einer eigenen Kammer, die von Marthes Kammer abgelegen liegt (vgl. V. 747). Als Zeichen der Ernsthaftigkeit seines Antrags hat Ruprecht ihr zur Verlobung „ein Silberkettlein" (V. 1386) sowie einen „Schaupfennig" (V. 1387), eine Silbermünze, geschenkt.

Wesentliche Charaktereigenschaften

Orientierung an gesellschaftlichen Moralvorstellungen

Sie agiert zurückhaltend und ein wenig scheu, so, wie man es zur damaligen Zeit von einem jungen Mädchen erwartet. Trotz der Verlobung ist ein näherer Kontakt mit dem Verlobten am Abend nur eingeschränkt möglich. Sie hat offenbar die Erlaubnis, sich bis zehn Uhr mit Ruprecht im Garten zu treffen, und selbst dies wird von Adam bereits als „liederliche Wirtschaft" (V. 898) bezeichnet. Dass ein Mann ihre Kammer betreten darf, noch dazu nach Einbruch der Dunkelheit, ist für sie eigentlich vollkommen undenkbar. Sie verfügt über keinerlei höhere Bildung und ist, wie sich im Drama herausstellt, Analphabetin (vgl. Variant, V. 2078).

Religiöse Überzeugungen

Durch die Ereignisse des Vorabends wird sie in ein doppeltes Dilemma gestürzt: Sie will Ruprecht, den sie liebt („Liebster Ruprecht", V. 453), weiter schützen und benötigt dafür nach wie vor das von Adam in Aussicht gestellte Attest, das Ruprecht vom Wehrdienst freistellen würde. Sie darf also niemandem die Wahrheit sagen, da Adam ihr für den Fall bereits vorsorglich angedroht hat, das bereits erstellte Attest zu vernichten (vgl. V. 529 ff.). Auf der anderen Seite ist sie tief religiös und sieht sich daher außerstande, Ruprechts Täterschaft zu beschwören oder auch nur vor Gericht zu bestätigen. Sie wird dadurch beinahe zu einer tragischen Gestalt, da niemand ihre Gewissensnot bemerkt und stattdessen alle weiter von der Richtigkeit ihrer eigenen Versionen der Geschichte überzeugt sind: Ihre Mutter hält Eve für ein anständiges Mädchen und ist bestenfalls geneigt zu glauben, dass Ruprecht versucht haben könnte, mit ihr durchzubrennen, um sich vor dem Wehrdienst zu drücken. In Ruprechts Augen hingegen hat Eve sich am Vorabend wie eine „Metze“ verhalten. Dieser geht davon aus, dass Eve ihn schon vor der Hochzeit mit einem anderen Mann betrügt.

Ihre von der christlichen Religion geprägten moralischen Prinzipen zeigen sich auch darin, dass sie Adams Angebot eines Gefälligkeitsattests, um Ruprecht den Wehrdienst zu ersparen, vor allem deshalb zurückweist, weil dieses mit einer Lüge verbunden sei, die vor Gott keinen Bestand haben könne. Sie ist jedoch Adams rhetorischem Geschick ausgeliefert und kann dessen ausgefeilt vorgetragenen Schilderungen kaum etwas entgegensetzen. Der Richter nutzt zum Beispiel ihr Vertrauen in ihn als Amtsperson sowie ihre Unbildung schamlos aus, indem er ihr weismacht, Ruprecht werde seinen Wehrdienst nicht in Utrecht, sondern in Batavia ableisten müssen, was mit einer hohen Wahrscheinlichkeit dazu führen würde, dass dieser nicht lebend zurückkehren würde. Erst da ist Eve bereit, von ihren religiösen Bedenken abzulassen und „List gegen List“ (Variant, V. 2090, 2093) einzusetzen.

Erwartung eines unbedingten Vertrauens

Als Gegenleistung für ihre Liebe erwartet Eve unbedingtes Vertrauen, selbst im Angesicht der scheinbar gegen sie sprechenden Indizien und selbst dann, wenn eine Aufklärung erst am Tage des Jüngsten Gerichts möglich sei (vgl. V. 1162 ff.). Doch sie wird von Ruprecht tief enttäuscht.

Naivität und Unschuld

Ihre Naivität zeigt sich darin, dass sie nicht damit gerechnet hat, was Adam als Gegenleistung von ihr verlangen könnte. Als dessen Absichten schließlich überdeutlich werden, versucht sie, ihn abzuwehren. Doch erneut schafft es Adam, ihr plausibel zu machen, warum er ihre Kammer habe betreten müssen (vgl. Variant, V. 2183 ff.). Dies zeigt, dass kaum ein Zweifel bestehen kann, dass Eve niemals vorgehabt hat, auf Adams Avancen einzugehen. Ihre Unschuld ist dementsprechend für alle Anwesenden bewiesen, ihr Vertrauen in staatliche Institutionen hingegen so nachdrücklich zerstört, dass es Walters Geldbörse bedarf, um es wiederherzustellen. Erst die Abwendung vom blinden Vertrauen hin zum Materialismus führt zu einer Wiederherstellung ihres Vertrauens.

Sprachgebrauch und Sprachverhalten

Über weite Strecken des Dramas hat Eve Mühe, überhaupt zu Wort zu kommen. Meist wird sie nach wenigen Sätzen unterbrochen. Zudem versuchen insbesondere ihre Mutter und auch Richter Adam, sie mit Einschüchterungen und Drohungen zu beeinflussen. Dies bleibt auf Eve nicht ohne Wirkung, was sich insbesondere in zahlreichen nicht zu Ende geführten Sätzen (Aposiopesen) zeigt. Aufgrund ihrer Sorge um das Schicksal ihres Verlobten, aber auch aus Angst vor ihrer Mutter verschlägt es ihr an mehreren Stellen die Sprache. Als sie am Ende ihr Schweigen bricht, zeigt sich, dass sie sich durchaus angemessen auszudrücken versteht.

Zusammenfassende Bewertung

Eve hat ebenso wie die anderen Dorfbewohnerinnen und -bewohner die Moralvorstellungen der Dorfgemeinschaft übernommen und lässt sich von einer etwas naiven Frömmigkeit und einem unbedingten Vertrauen leiten, das durch den Vertrauensbruch seitens des Staates in Form der angeblich geplanten Verschiffung der Rekruten nach Batavia jedoch ins Wanken gerät. Zum einen erschreckt sie, dass das Vertrauen, das sie ihren Nächsten entgegenbringt, von ihrem Verlobten nicht erwidert wird, zum anderen gerät sie aber selbst kurzzeitig in eine Vertrauenskrise gegenüber dem Staat, die am Ende mühselig überwunden werden muss.

Veit Tümpel

Personalien und sozialer Status

Veit Tümpel, der Vater Ruprechts, wird als Kossät (vgl. V. 847), also als Kleinbauer vorgestellt. Als eigenständiger Landbesitzer gehört er damit zur Dorfgesellschaft, ohne dort eine herausragende Stellung einzunehmen. Über sein Alter erfährt man nichts, es ist aber davon auszugehen, dass er ungefähr in Frau Marthes Alter ist.

Er vertraut seinem Sohn, von dem er sich die Sachlage hat schildern lassen, und möchte diesen vor Gericht unterstützen, anschließend die Verlobung auflösen und die Geschenke zurückfordern (vgl. V. 1383 ff.). In das Gerichtsverfahren geht er wegen seines Vertrauens in die Justiz ruhig und besonnen, was sich daran zeigt, wie sehr er darum bemüht ist, die aufgebrachte Marthe zu beruhigen.

Wesentliche Charaktereigenschaften

Rechtschaffenheit

Er billigt die Verlobung seines Sohnes mit Eve grundsätzlich und hat diese bislang auch unterstützt. Die Moralvorstellungen der übrigen Dorfbewohnerinnen und -bewohner werden von ihm geteilt. Er billigt die abendlichen Besuche seines Sohnes bei seiner Verlobten, ermahnt diesen aber, das Haus der Rulls nicht zu betreten (vgl. V. 886). Sein Vertrauen in seinen Sohn ist allerdings nicht unbegrenzt. Als Marthe die Vermutung äußert, Ruprecht habe möglicherweise versucht, sich dem Wehrdienst durch Fahnenflucht (Desertion) zu entziehen und mit Eve durchzubrennen, schöpft er selbst Verdacht, weil sein Sohn am Tag zuvor so früh mit dem Packen seiner Sachen begonnen hat, obwohl seine Abreise erst in etwa einer Woche bevorsteht (vgl. V. 1366). Ähnlich wie Frau Marthe droht er seinem Sohn brutale Konsequenzen an („Dir brech ich alle Knochen noch.“, V. 1353), die jedoch eher redensartlich als ernst gemeint sein dürften.

Gutgläubigkeit

Genauso schnell, wie er überzeugt ist, dass Eve sich schuldig gemacht hat, ist er später bereit zu verzeihen, und er ruft die beiden zur Versöhnung auf: „Küsst und versöhnt und liebt euch;/Und Pfingsten, wenn ihr wollt, mag Hochzeit sein!“ (V. 1952 f.)

Zusammenfassende Bewertung

Veit Tümpel ist ein in sich ruhender Charakter, der mit beiden Beinen im Leben steht. Er sieht sich als Teil der Dorfgemeinschaft und teilt deren Wertvorstellungen. Seinem Alter entsprechend ist er nicht vollkommen naiv, sondern weiß um die möglichen Verlockungen, auch wenn er seinem Sohn im Grunde vertraut. Aufgrund seiner Ausgeglichenheit ist er relativ schnell bereit, das Geschehene zu vergessen und wie gewohnt weiterzumachen.

Ruprecht Tümpel

Personalien und sozialer Status

Ruprecht Tümpel ist Veits Sohn und Eves Verlobter. Über sein Alter und seine soziale Stellung erfahren die Leser/-innen und Zuscher/-innen nichts Genaues. Es ist aber wahrscheinlich, dass er nicht wesentlich älter als Eve ist und als Sohn eines Kleinbauern bei der Bewirtschaftung des elterlichen Hofes mithilft. Der durch seinen Namen bereits angedeuteten Ruppigkeit und geistigen Schlichtheit entspricht er völlig.

Schlichte Gedankenführung

Seine Gedankengänge sind einfach, was sich auch in der reihenden Erzählweise zeigt, die kaum erkennen lässt, ob Ruprecht in der Lage ist, Wichtiges von weniger Wichtigem zu trennen. Für ihn ist vollkommen eindeutig, dass die Anwesenheit eines fremden Mannes bei den Rulls nach 22 Uhr nur darauf zurückzuführen sein kann, dass Eve ihn betrügt. Und da er seit Längerem den Flickschuster Lebrecht verdächtigt (vgl. V. 922 ff.), Eve nachzustellen, vermutet er sofort ihn als Täter, obwohl ihm bewusst sein müsste, dass Lebrecht als Täter gar nicht infrage kommt, weil er sich vermutlich noch auf dem Rückweg aus Utrecht befunden hat (vgl. V. 1222 ff.).

Wesentliche Charaktereigenschaften Ruppigkeit

Auseinandersetzungen und Konflikte löst er offensichtlich gern mit Gewalt, denn sowohl Lebrecht als auch Adam werden Prügel angedroht (vgl. V. 933, V. 1900 ff.). Dennoch steht seine Redlichkeit nicht in Zweifel. Er ist ein enttäuschter Verlobter, der sich durch Eves Verhalten um seine bereits sicher geglaubte Zukunft gebracht glaubt, und er handelt entsprechend impulsiv. Später bereut er aufrichtig sein Verhalten und schämt sich, Eve als „Metze“ beschimpft zu haben.

Sprachgebrauch und Sprachverhalten

Ruprechts Sprache passt in ihrer Schlichtheit zu seiner Gedankenführung. Anders als bei seiner Gegnerin Frau Marthe gewinnen seine sprachlichen Bilder ihre Komik weniger durch die Originalität als vielmehr dadurch, dass Ruprecht jedes sprachliche Bild wörtlich nimmt, wodurch drastische Schilderungen über herausgerissene Augen (vgl. V. 1031 ff.) und vorausgeschickte Ohren (vgl. V. 903 ff.) entstehen. Seine Aussagen zum Tathergang sind reine Reihungen, die Wichtiges und Unwichtiges wahllos vermischen.

Zusammenfassende Bewertung

Ruprecht ist ein derber, aber letztlich auch gutherziger Charakter. Mit dem von Eve eingeforderten bedingungslosen Vertrauen ist er vollkommen überfordert. Er versteht sich als Tatsachenmensch, der Dinge buchstäblich begreifen muss, um sie zu glauben („Was ich mit Händen greifen kann, glaub ich gern“, V. 1176), und ganz im Jetzt lebt und deshalb umgehend Erklärungen einfordert („Mein Seel, das dauert mir zu lange“, V. 1175). Sein impulsives, möglichen Rivalen gegenüber auch gewalttätiges Verhalten entspringt aus seiner Enttäuschung, dass Eve ihn betrogen haben könnte. Als diese Sorge ausgeräumt ist, ist er sofort zu einer Versöhnung mit Eve bereit.

Frau Brigitte

Personalien und sozialer Status

Frau Brigitte tritt nur in einer einzigen Szene auf, weil sie als Augenzeugin von Marthe benannt und anschließend herbeigeholt wird. Sie hat in etwa das Alter von Marthe Rull bzw. Veit Tümpel und ist wie diese ein akzeptiertes Mitglied der Dorfgemeinschaft. Sie ist als unvoreingenommene Zeugin besonders geeignet, das Geschehen für alle Beteiligten glaubhaft aufzulösen, da sie als Nachbarin der Rulls und Tante Ruprechts zu beiden Familien in einem engeren Verhältnis steht. Durch ihre Aussage trägt sie entscheidend zur Lösung des Falls bei, obwohl ihre Schlussfolgerungen voller Absurditäten stecken. Am Morgen hat sie die Perücke im Spalier bei den Rulls gefunden und liefert damit das ent scheidende Indiz für Adams Schuld. Im weiteren Verlauf sorgt sie aber zunächst für völlige Verwirrung, denn es zeigt sich, dass sie zwar eine sehr genaue Beobachterin bzw. Ohrenzeugin ist, da sie den Hergang völlig richtig beschreibt, aber stärker noch als die anderen Dorfbewohnerinnen und -bewohner vorurteilsbeladen und vor allem abergläubisch ist, sodass sie den Teufel als Täter benennt (vgl. V. 1682 ff.). Sie wirkt damit nur indirekt als Aufklärerin, da sie den übrigen Figuren das Material zur Klärung des Falls liefert, diese die Schlussfolgerungen jedoch selbst ziehen müssen.

Wesentliche Charaktereigenschaften

Ihre Sprache lebt von bildhaften Vergleichen und vielen reihenden Beobachtungen, die die Aufklärung hinauszögern und die Spannung steigern.

Sprachgebrauch und Sprachverhalten

Brigittes Charakter bleibt wegen der Kürze ihres Auftritts eher eindimensional. Sie wird als ein typisches Mitglied der Dorfgemeinschaft gezeigt, das zwar seine Umgebung sorgfältig beobachtet, aufgrund des Aberglaubens aber zu völlig falschen Schlussfolgerungen gelangt.

Zusammenfassende Bewertung

Der Blick auf den Text: Die Szeneninterpretation

Eine Szene interpretieren – Tipps und Techniken

Für die Interpretation eines Textauszugs stehen grundsätzlich zwei verschiedene Methoden zur Auswahl: die lineare und die aspektgeleitete Untersuchung.

Bei der **linearen Vorgehensweise** werden die einzelnen Textabschnitte systematisch untersucht und gedeutet, das heißt ihrer Reihenfolge nach. Dies führt in der Regel zu genauen und detaillierten Ergebnissen. Allerdings besteht dabei die Gefahr, dass zu kleinschrittig gearbeitet wird und die übergeordneten Deutungsaspekte aus dem Blick geraten.

Bei der **aspektgeleiteten Vorgehensweise** werden diese Deutungsschwerpunkte von vornherein festgelegt. Daraus ergibt sich in der Regel eine problemorientierte und zielgerichtete Textuntersuchung. Dabei werden jedoch die Deutungsaspekte, die nicht im Fokus des Interesses stehen, vernachlässigt.

Aufbauschema:

1. **Einleitung:**
   - Themensatz: Autor/-in, Titel, Textsorte, Erscheinungsjahr, Thema, kurze Inhaltsangabe

↓

2. **Einordnung der Szene in das Drama:**
   - Was geschieht vorher, was nachher?

lineare Vorgehensweise ↙ ↘ *aspektgeleitete Vorgehensweise*

Lineare Vorgehensweise:

3. **Aufbau der Szene:**
   - Auflistung der Textabschnitte/Textgliederung

↓

4. **Beschreibung und Deutung der unter 3. angegebenen Textabschnitte:**
   - Aussagen zum Inhalt des jeweiligen Abschnitts
   - Aussagen zur Deutung, Einbetten in den Gesamtzusammenhang des Dramas
   - Einbezug der sprachlichen Gestaltung
   - Überleitung zum nächsten Textabschnitt

Aspektgeleitete Vorgehensweise:

3. **Untersuchungsschwerpunkte:**
   - Auflistung der ausgewählten Untersuchungsaspekte

↓

4. **Beschreibung und Deutung der unter 3. angegebenen Aspekte:**
   - Benennen des jeweiligen Aspekts
   - Aussagen zur Deutung, Einbetten in den Gesamtzusammenhang des Dramas
   - Einbezug der sprachlichen Gestaltung

↘ ↙

5. **Schluss:**
   - Zusammenfassung der Ergebnisse
   - Einordnung in einen größeren Deutungszusammenhang
   - Bewertung

Beispiel für eine lineare Vorgehensweise

> ***Aufgabe: Interpretieren Sie den Auszug aus dem siebten Auftritt (V. 795 – 835).***

1. Einleitung mit knapper Inhaltsangabe

In dem Lustspiel „Der zerbrochne Krug“ von Heinrich von Kleist, das 1808 erstmals aufgeführt wurde, geht es um einen scheinbar banalen Prozess um die im Titel genannte Beschädigung eines Kruges.
Dieser Prozess gewinnt seine Komik nicht zuletzt dadurch, dass der die Verhandlung führende Richter namens Adam zugleich der Täter ist und während des gesamten Prozesses versucht, seine Täterschaft zu verschleiern. Hinter dem harmlosen Prozessgegenstand verbergen sich tiefer liegende Probleme und Konflikte, denn es geht neben dem Krug auch und vor allem um die Ehre der unverheirateten Eve, denn da der Krug nachts in ihrem Zimmer zerbrochen wurde, wird sie von ihrem Verlobten Ruprecht verdächtigt, ihm untreu geworden zu sein, während Eves Mutter ihrerseits Ruprecht beschuldigt, der Täter zu sein. Eve kann den Täter nicht nennen, da sie von Richter Adam erpresst wird.

Intention

Die Intention des Dramas ist dementsprechend, die Praktiken der zeitgenössischen Justiz und den Machtmissbrauch der feudalen Justiz zu kritisieren. Aber auch die reformierte Justiz, die in dem Drama von Gerichtsrat Walter verkörpert wird, bleibt nicht von Kritik verschont.

2. Einordnung der Szene in das Drama

Das Drama spielt sich ausschließlich in der Gerichtsstube ab, die zugleich das Wohn- und Schlafzimmer des Dorfrichters Adam ist. Dieser ist zu Beginn des Dramas damit beschäftigt, seine Wunden zu verbinden, die, wie man später erfährt, vom Vorabend stammen. Sein Schreiber Licht tritt herein und wundert sich über die Verletzungen am Kopf und im Gesicht. Adam erzählt daraufhin eine abenteuerliche Geschichte von einem Sturz aus dem Bett, auf die Licht aber nur mit Anspielungen auf des Richters biblischen Namensvetter und dessen Sündenfall reagiert. Offen bleibt, ob Licht schon hier Verdacht schöpft. Der eigentliche Grund seines Besuchs ist jedoch, Adam über eine bevorstehende Revision durch den als streng geltenden Gerichtsrat Walter zu informieren. Adam kommt dieser Besuch sehr ungelegen, da in seiner Registratur das blanke Chaos herrscht, und zudem seine Perücke, die er für seine Amtsgeschäfte benötigt, nicht zur Verfügung steht. Um diesen Verlust zu erklären, erzählt Adam eine unglaubwürdige Geschichte, dass nämlich eine Katze in der Perücke ihre Jungen bekommen habe. Vergeblich versucht Adam, durch Ausreden, kleine Bestechungsversuche und Schmeicheleien Gerichtsrat Walter zu einer Verlegung des Gerichtstags zu überreden. Dieser bleibt jedoch hartnäckig. Adams Unruhe steigt, als er sieht, dass die Rulls und Tümpels als Kläger bzw. Beklagte bereitstehen, er also befürchten muss, vor seinem eigenen Gericht verklagt zu werden, da er am Vorabend in Eves Kammer gewesen ist und von Ruprecht vertrieben wurde. Auf Walters Geheiß muss er den Prozess jedoch beginnen.

Im Anschluss an den zu interpretierenden Textauszug versucht Adam weiterhin und letztlich vergeblich, von seiner immer offensichtlicher werdenden Verwicklung abzulenken. Schließlich wird er jedoch von Licht entlarvt und muss aus dem Gerichtssaal fliehen.

3. Aufbau der Szene

Der Auszug weist eine deutliche Dreiteilung auf. Er beginnt mit Adams schmeichlerischen und zugleich drohenden Versuchen, Eve zu einer ihm genehmen Aussage zu bewegen, die jedoch vom anwesenden Gerichtsrat Walter als unzulässige Beeinflussung verworfen werden (V. 795 – 805). Anschließend versuchen mehrere Prozessbeteiligte, Eve zum Sprechen zu bringen, die man zugleich allerdings kaum zu Wort kommen und nicht ausreden lässt (V. 806 – 819). Der Auszug schließt mit einer Auseinandersetzung zwischen Walter und Adam wegen dessen fragwürdiger Prozessführung, die mit einer kaum verhüllten Drohung Walters endet, Adam nach diesem Prozess seines Amtes zu entheben (V. 820–835).

4. Beschreibung und Deutung der Textabschnitte: 1. Abschnitt

Adam bedient sich in diesem Auszug verschiedener Gesprächsstrategien, um sich aus seiner misslichen Lage zu befreien. Ihm ist daran gelegen, den Prozess so schnell wie möglich zu beenden. Er versucht daher, Eve zu einem Geständnis zu bewegen, dass ihr Verlobter Ruprecht den Krug zerbrochen habe, damit er diesen rasch verurteilen kann. Er schmeichelt Eve zunächst und versucht, die übrigen Anwesenden, die zum Teil sehr aufgebracht sind, zu beruhigen. Dies wird durch die Verkleinerungsform (Diminutiv) „Leutchen“ (V. 795) unterstrichen, was sich von Adams ansonsten sehr grober Ausdrucksweise gegenüber den Dorfbewohnerinnen und -bewohnern unterscheidet. Eve wird als „Jungfer“ bzw. „gutes Kind“ (V. 796 f.) bezeichnet, obwohl gerade ihre Jungfräulichkeit in Zweifel gezogen wird. Dann ändert Adam seine Strategie und fügt eine Drohung hinzu, die nur von Eve als solche aufgefasst werden kann. Durch den Parallelismus („geschehen *ist* […], geschehn noch *kann*“, V. 799 f.), der in der Druckfassung durch die Hervorhebung noch betont wird, macht Adam deutlich, dass Eves Verlobter Ruprecht ohne das von ihm bereitgehaltene Attest, das ihn vom Wehrdienst befreien würde, zu einem elenden Tod in Batavia verdammt wäre. Damit möchte der Richter Eve gefügig machen. Da er um Eves Gewissensnot weiß, fordert er ausdrücklich dazu auf, auf einen Schwur zu verzichten. Wenngleich die unterschwellige Drohung für die anderen Anwesenden nicht verständlich ist, so ist für Gerichtsrat Walter, der sich dem Prinzip der Unparteilichkeit der Justiz verpflichtet fühlt, das Maß voll, da er zwar nicht den Inhalt, wohl aber dessen Zweideutigkeit verstanden hat (vgl. V. 805).

2. Abschnitt

Auf die Einschüchterung Eves durch Adam folgt eine weitere, diesmal durch ihre Mutter Marthe. Diese ergreift das

Wort, weil sie sich über Eves Weigerung, Ruprecht als Täter zu beschwören, äußerst verärgert zeigt. Sie verpackt ihre Beschimpfung Eves als „Metze“ zwar in die Form eines Konditionalsatzes, doch ist die durch einen nicht vollendeten Satz (Aposiopese) verstärkte Drohung der Verstoßung auch so deutlich genug („So mag meinetwegen sie – ich mag nicht sagen, was.“, V. 809). Sie beharrt jedoch zugleich darauf, dass Eve am Abend zuvor Ruprecht als Täter genannt habe. Durch die antithetische Gegenüberstellung (ich – sie, vgl. V. 811 ff.) verleiht sie ihrer Behauptung noch mehr Gewicht, indem sie ihrerseits beschwören will, was Eve am Vorabend gesagt hat.
Erneut greift Adam ein und versucht, Eve diese Aussage in den Mund zu legen, worauf Walter mit einem wiederholten Ordnungsruf reagiert. Dem Gerichtsrat gegenüber zeigt sich Adam unterwürfig („Euer Gnaden?“, V. 815), doch auch Eve wird nun schmeichelnd umworben. Adam ermuntert sie, ihre Aussage vom Tag zuvor zu bestätigen, wobei er sie beinahe anzüglich als „Herzens-Evchen“ (V. 815) anspricht. Hingegen versucht Marthe, ihrer Empörung Ausdruck zu verleihen, indem sie mehrfach in parallel gebauten Halbsätzen fragt, ob sie es gestern nicht gesagt habe (vgl. V. 816 f.). Eve antwortet auf diese Frage mit einer Gegenfrage, was jedoch niemandem aufzufallen scheint. Es zeigt sich, wie unsensibel und wenig verständnisvoll auch ihr Verlobte bzw. ihre Mutter mit der Situation umgehen. Für den einen steht fest, dass Eve sich wie eine „Metze“ verhalten hat, während die andere ihrem Namen Rull (Walze) alle Ehre macht und Eve mit ihrem Redeschwall überfährt.
Adam aber reicht diese Gegenfrage, Licht dazu aufzufordern, als Faktum ins Protokoll aufzunehmen, dass Eve Ruprecht vor Gericht als Täter benannt habe. Eve vollendet jedoch ihren Satz nicht (Aposiopese) bzw. wird von Adam unterbrochen. In jedem Falle ist jedoch klar, dass an dieser Aussage noch etwas fehlt und man der Angelegenheit nur

auf den Grund gehen kann, indem man Eve befragt. Stattdessen entsteht eine große Unruhe, die dadurch verstärkt wird, dass sich gleich drei Sprecher einen Vers teilen müssen. Die Komik der Situation wird hier dadurch unterstrichen, dass von den Leser/-innen bzw. Zusschauer/-innen Adams Ausruf „Schreibt auf“ (V. 819) ebenso gut auf Ruprechts vorangegangene Aussage „Die Metze, die!“ (V. 819) bezogen werden kann wie auf Adams vorangegangenen Ausruf „Da habt ihr's“ (V. 818).

3. Abschnitt Nachdem Eve von zwei Seiten eingeschüchtert und bedroht worden ist, greift nun Walter ins Geschehen ein. Er verliert an dieser Stelle erstmalig die Geduld und äußert den Verdacht, dass Adam selbst der Täter sein könnte, wenngleich in konjunktivischer, von ihm selbst noch nicht ernst gemeinter Form. Walter stößt sich an dieser Stelle vor allem an der Verletzung der Form, dass Eve überhaupt noch nicht an der Reihe sei. Dieses starre Festhalten an den Prozessregeln hat zur Folge, dass die Aufdeckung der Wahrheit weiter verzögert wird. Groteskerweise führt Walters Eingreifen damit zum gleichen Ergebnis wie das Marthes und Adams, denn auch er verhindert, dass Eve unbedrängt zu Wort kommt. Das Festhalten an der äußerlichen Form bewirkt mithin nicht Gerechtigkeit bzw. Wahrheit. Dies unterstreicht noch einmal die Intention des Dramas, dass nämlich nicht nur die chaotischen und ungerechten Zustände der Feudaljustiz mit ihrem Gewohnheitsrecht kritisiert werden, sondern auch das seit der Aufklärung immer weiter vordringende Gesetzesrecht mit seinen starren Regeln.

Adam beteuert seine mangelnde Vertrautheit mit der Prozessordnung und bezeichnet dies als geradezu menschlich, was die Justizkritik noch einmal verstärkt, indem sie die juristische Unbildung des Richters offenlegt. Stattdessen soll Walter ihm raten, wer zu befragen sei. Auf diese Zurschaustellung von Unwissenheit reagiert der Gerichtsrat verärgert. Das dreifach verwendete Verb „fragt“ (V. 833 f.) zeigt seine Ungeduld. Zudem kündigt er an, dass dies „die letzte Sache [ist], die ihr führt“ (V. 835).

Der Textauszug ist somit in mehrfacher Hinsicht von Bedeutung. Zum einen stellt er mit Walters impliziter Ankündigung, Adam seines Amtes zu entheben, den Beginn der Peripetie des Dramas dar, da der Richter zunehmend die Kontrolle über den Prozess verliert und seine Voreingenommenheit und juristische Inkompetenz immer deutlicher werden. Die Justizkritik zeigt sich in diesem Auszug in mehrfacher Hinsicht. Zum einen wird die Unhaltbarkeit der Zustände der Justiz auf dem Lande greifbar vorgeführt. Adams Verstöße gegen zahlreiche Regeln der Prozessführung werden hier offenbar: Zeugen bzw. Zeuginnen werden unter Druck gesetzt, zur Falschaussage gedrängt, und das Protokoll der Gerichtsverhandlung soll manipuliert werden. Doch auch der eigentlich unbestechliche und unparteiische Gerichtsrat Walter handelt nicht zielführend: Die Amtsenthebung bleibt eine bloße Drohung und sein Bestehen auf der Verfahrensordnung führt zu einer weiteren Verzögerung der Aufdeckung der Wahrheit. 5. Schluss

Beispiel für eine aspektgeleitete Vorgehensweise

Aufgabe: Interpretieren Sie den zehnten Auftritt im Hinblick auf das Problem der Wahrheitsfindung, indem Sie die Strategie Walters, das Verhalten Adams sowie ihre Beziehung zueinander untersuchen. Stellen Sie hierbei abschließend Bezüge zu Kleists sogenannter Kant-Krise her.

1. Einleitung mit Intention

Das Lustspiel „Der zerbrochne Krug" von Heinrich von Kleist war bei seiner Uraufführung 1808 ein kompletter Misserfolg, gehört aber inzwischen zu den erfolgreichsten deutschen Komödien, die immer noch oft auf den Spielplänen deutscher Theater stehen. Der Grund für den andauernden Erfolg ist sicherlich die derbe Komik, die die Figuren ausstrahlen. Hierüber gerät oft in Vergessenheit, dass die in der Komödie behandelten Themen wie Justizkritik, Machtmissbrauch, sexuelle Belästigung und das Problem, die Wahrheit zu erkennen, sehr ernster Natur und eigentlich gar nicht komisch sind.

2. Einordnung der Szene in das Drama

Es geht an der Oberfläche um einen banalen Prozess wegen der im Titel genannten Beschädigung eines Kruges. Für die Leser/-innen bzw. Zuschauer/-innen wird rasch erkennbar, dass der den Prozess führende Dorfrichter Adam zugleich der Täter ist. Dieser hat am Vorabend versucht, die junge Eve zu erpressen, indem er ihr im Gegenzug für Gefälligkeiten angeboten hat, Ruprecht mithilfe eines gefälschten Attests vom angeblich lebensbedrohenden Wehrdienst befreien zu lassen. Unter einem Vorwand verschafft er sich am Abend Zutritt zu Eves Kammer, angeblich um das Attest auszufüllen. Noch bevor Adam sich Eve nähern kann, stürmt Eves Verlobter Ruprecht die Kammer, weil er vermutet, Eve würde ihn mit einem anderen Mann betrügen. Es kommt zu einem Handgemenge, wobei Ruprecht, der

Adam nicht erkennt, diesen mit Hieben mit einer abgerissenen Türklinke am Kopf verletzt.
Diese Wunden verarztet Adam zu Beginn des Dramas, das am darauffolgenden Morgen spielt. Sein Schreiber Licht fragt nach der Herkunft der Wunden und wird mit einer abenteuerlichen Geschichte abgelenkt. Zu Adams Missvergnügen meldet Licht, dass der neue Gerichtsrat Walter sich noch an diesem Tag zu einer unangekündigten Revision einfinden werde. Adam kommt dies sehr ungelegen, da in seinem Amt chaotische Zustände herrschen und er am Vorabend bei seiner Flucht auch noch seine Perücke eingebüßt hat. Der kurze Zeit später eintreffende Walter besteht jedoch darauf, dass Adam den anstehenden Prozesstag dennoch durchführt. Adams Unruhe steigt, als er sieht, dass die Klägerin niemand anderes ist als Marthe Rull, die Mutter Eves, und der Beklagte Ruprecht Tümpel, ihr Verlobter. Trotz verschiedener Ausreden wird Adam schließlich gezwungen, das Verfahren zu beginnen. Er versucht von Anfang an, den Prozess in seinem Sinne zu lenken, erweckt damit aber den Argwohn Walters. Da Eve beharrlich schweigt, gelingt es jedoch nicht, den Fall des zerbrochenen Kruges, den Adam (oder Ruprecht) im Handgemenge zerstört haben, aufzuklären. Frau Marthe behauptet schließlich, durch die Beibringung einer neuen Zeugin den Fall aufklären zu können. Um diese herbeizuholen, wird die Verhandlung kurzfristig ausgesetzt.

Kurze Inhaltsangabe der Szene

Die Ereignisse dieser Verhandlungspause bilden den Mittelpunkt des zehnten Auftritts. Adam ist in dieser Pause bemüht, die streitenden Parteien aus dem Gerichtssaal entfernen zu lassen, um sie von Walter fernzuhalten und um selbst mit Eve noch einmal unter vier Augen zu sprechen (vgl. V. 1445). Walter versucht dies zu verhindern, denn er hat längst Verdacht geschöpft, dass Adam der Täter sein könnte. Diesem Verdacht möchte er gern mit einem Gespräch mit den Prozessbeteiligten nachgehen. Deshalb lässt er sich nun auf das Angebot Adams ein, mit Wein und einem guten Frühstück die Wartezeit zu überbrücken.

3. Untersuchungsschwerpunkte

Damit scheint nahezuliegen, dass die Wahrheit nun rasch aufgedeckt wird, denn die Indizien liegen buchstäblich allen offen vor Augen. Adam sitzt kahlköpfig mit schweren Kopfverletzungen und einem zerkratzten Gesicht vor ihnen, und der bisherige Prozess hat ergeben, dass der Täter vermutlich Kopfverletzungen erlitten hat. Dass die Szene statt zur Aufklärung beizutragen die Verwirrung sogar noch steigert, hängt mit einem erkenntnistheoretischen Problem zusammen, auf das dieser Auftritt Bezug nimmt. Zum einen gilt es, Walters Untersuchungsmethode in den Blick zu nehmen, da durch diese die Ermittlung des Täters offenbar nicht gelingt. Auf der anderen Seite muss auch das Verhalten Adams näher betrachtet werden, da dieser natürlich Walters Versuchen entgegenarbeitet. Weitere Rückschlüsse lassen sich schließlich aus der Untersuchung der Beziehung zwischen beiden Figuren ziehen.

4. Beschreibung und Deutung der Aspekte Strategie Walters

Walter greift im zehnten Auftritt aktiv in die Verhandlung ein und wird selbst zum Ermittler. Zu diesem Zweck ist er zunächst bestrebt zu verhindern, dass Adam die Parteien aus dem Gerichtssaal schickt, denn nur in diesem Falle hat er Gelegenheit, mit diesen zu sprechen. Dass er dabei selbst gegen seine eigene Vorhaltung, dass außerhalb der Verhandlung nicht mit den Parteien gesprochen werden soll („Sprecht nicht mit den Parteien, Herr Richter Adam/ Vor der Session“, V. 537 f.), handelt, ist auffallend, stellt aber streng genommen keinen Verstoß dar, da Walter in diesem Verfahren nicht der Richter ist. Wie wichtig ihm diese Gespräche sind, sieht man daran, dass er für sich zu fluchen beginnt („Verwünscht“, V. 1416), als Adam die Dorfbewohnerinnen und -bewohner wegschicken möchte. Dies ist eines der wenigen Male, dass der Gerichtsrat aus der Rolle fällt. Um Adam abzulenken, greift er zu dem Mittel, auf dessen Bewirtungsangebot einzugehen und ein Glas

Wein zu verlangen. Wider Erwarten gelingt es dem hocherfreuten Adam jedoch, sowohl die Bewirtung zu organisieren als auch die Dorfbevölkerung des Raumes zu verweisen, sodass Walters Strategie nicht aufzugehen scheint. Lediglich der Zufall, dass die Dorfbewohnerinnen und -bewohner versichern, dass Frau Brigitte zu Hause sei und die Wartezeit deswegen nicht lang sein werde, verhindert, dass Walter seine Befragung nicht fortführen kann.
Er nutzt die sich anschließend bietende Gelegenheit, Adam auf dessen Kopfverletzungen anzusprechen (vgl. V. 1456 ff.). Es ist erkennbar, dass er an dieser Stelle versucht, seinen Argwohn gegenüber Adam zu bestätigen, da er sich genau erkundigt und mehrfach nachhakt, als dessen Geschichte nicht alle Wunden erklären kann. Wie bei einer Ermittlung besteht sein Redeanteil hier fast ausschließlich aus kurzen Fragen, auf die Adam mit längeren Erklärungen antwortet. Walter scheint in der Folge regelrecht mit dem von ihm vermeintlich schon enttarnten Adam zu spielen, indem er beiläufig fallen lässt, dass der Täter leicht an seinen Kopfverletzungen zu erkennen sein müsse, um anschließend sogleich nach der Weinsorte des Weines zu fragen, der ihm gereicht wurde, was Adam sichtlich in Verwirrung stürzt (vgl. V. 1509). Ob die in den Regieanweisungen wiederholt erwähnten Hinweise auf das Trinken ein Zeichen seiner Siegesgewissheit sind oder ob Adams Strategie (siehe unten) aufzugehen beginnt, bleibt offen.
Walter setzt seine Ermittlung anschließend fort und bringt das Gespräch wenig später auf die Lage von Eves Zimmer innerhalb des Hauses, also den Tatort. Als er erfährt, dass sich das Zimmer im ersten Stock befindet und an der Wand darunter ein Weinstock gepflanzt ist, liefert ihm dies weitere Indizien, die zu den Kratzspuren in Adams Gesicht passen (vgl. V. 1520 ff.), wenngleich Marthe übertreibend beteuert, dass selbst „ein Eber, ein gewaffneter, Müh mit den Fängern haben“ (V. 1524 f.) würde, durchzukommen. Wal-

ters Bemerkung „Meint ihr?“ (V. 1526) auf Adams „Es hing auch keiner drin“ (V. 1526) wirkt erneut beinahe so, als würde der Gerichtsrat mit dem von ihm längst enttarnten Adam spielen.
Walter fragt nun Ruprecht nach der Zahl der beigebrachten Wunden. Die Antwort Ruprechts, dass es zwei Hiebe gewesen seien, passt zur Zahl von Adams Wunden am Kopf. Dass Walter auf Adams Trinkspruch „Was wir lieben“ (V. 1555) mit „Was recht und gut und treu ist“ (vgl. V. 1556) antwortet, bestätigt, dass er sich nunmehr beinahe sicher ist, dass Adam der Täter ist. Nachdem er wie ein Staatsanwalt die Indizien zweifelsfrei Adam zuordnen konnte, geht es ihm in der Folge darum, dem Richter auch ein Motiv nachzuweisen. Dieses kann nach der Sachlage eigentlich nur in einem sexuellen Interesse des Richters an Eve bestehen, zumal Adam selbst zuvor im Gespräch auf seinen Junggesellenstatus hingewiesen und sich selbst als zu den „verrufnen hagestolzen Leuten“ (V. 1452) gehörig bezeichnet hat. Er fragt Adam deshalb, ob dieser Marthe oft besuche und bei ihr ein und aus gehe. Als Adam dies verneint, wendet er sich mit der gleichen Frage an Frau Marthe, um Adam möglichst in Widersprüche zu verwickeln. Aber diese bestätigt es nicht nur, sondern setzt hinzu, Adam sei neun Wochen zuvor das letzte Mal zu Besuch gewesen. Auch bei sonntäglichen Spaziergängen schaue Adam nur kurz durchs Fenster rein und gehe „wieder seiner Wege“ (V. 1580).
Diese Äußerungen bringen Walters Gewissheit, dass Adam an Eve Gefallen gefunden und sie deshalb auch in der vergangenen Nacht besucht hat, ins Wanken. Er fragt sich selbst, ob er Adam mit seinem Verdacht wohl Unrecht getan habe (vgl. V. 1581), bricht diesen Gedanken jedoch selbst ab, indem er einen zweiten Anlauf startet und nach der Hilfe bei der Hühnerpflege fragt, die Adam zuvor als Begründung für sein Gespräch mit Eve vor Verhandlungsbeginn angeführt hat (vgl. V. 568 ff.). Marthe bestätigt auch

diese Geschichte, die Walter und vermutlich auch den Leserinnen/Lesern bzw. Zuschauerinnen/Zuschauern zuvor als eine von Adams spontan erfundenen Lebensgeschichten erschienen ist. Die Regieanweisung „*verwirrt*“ (Szenenanweisung nach V. 1594) macht deutlich, dass Walters Gewissheit, in Adam den Täter gefunden zu haben, nun vollständig ins Wanken geraten ist. Erleichtert verlangt er nun seinerseits nach mehr Wein und stößt mit Adam auf dessen Wohlergehen an. Die letzten Zweifel werden zerstreut, als Marthe angibt, man könne Adam allenfalls mit gutem Wein anlocken, sie aber nichts in ihrem Hause besitze, „was ihn lockt“ (V. 1605).

Verhalten Adams

Adam gerät in diesem Gespräch sichtlich in die Defensive. Seine Strategie besteht zunächst vor allem in dem Versuch, Walter durch ein gutes Frühstück und vor allem Alkohol günstig zu stimmen und die Dorfbewohnerinnen und -bewohner aus dem Gerichtszimmer zu verweisen, zunächst höflich, dann immer ungeduldiger und grober („Schert/ Zum Teufel euch, sag ich!“, V. 1429 f.). Walter gegenüber verhält er sich wie gewohnt übertrieben höflich und bezeichnet ihn sogar als einen Freund (vgl. V. 1455).

Der Richter gerät durch die anschließenden Fragen Walters sichtlich unter Druck, und er versucht, den Gerichtsrat abzulenken, indem er ihm immer wieder Wein nachschenkt. Offenkundig weiß er sich an dieser Stelle nicht mehr anders zu behelfen, als zu versuchen, Walter möglichst schnell betrunken zu machen, wie er wenig später auch selbst andeutet (vgl. V. 1533 ff.). Die nun auf Walters Seite häufiger werdenden Ausrufe und Flüche (vgl. V. 1416, 1499) machen deutlich, dass der Wein beim Gerichtsrat Walter Wirkung zu zeigen beginnt. Als er nach dem Verlust der Perücke fragt, nutzt Adam die Gelegenheit, sich als besonders fleißig und dienstbeflissen darzustellen, indem er auf ein angebliches abendliches Aktenstudium verweist. Zugleich aber wimmelt die lebhafte Beschreibung von Anspielungen auf Sündhaftigkeit und ihre Bestrafung durch Gott. Zum wiederholten Male bezeichnet er sich als sündigen Menschen und vergleicht das Geschehen ausgerechnet mit der Verbrennung der biblischen Städte Sodom und Gomorrha, deren Bewohnerinnen und Bewohner von Gott wegen ihres ausschweifenden Lebens vernichtet wurden (vgl. V. 1493 ff.). Unterschwellig scheint Adam also bewusst zu sein, dass er einer Bestrafung kaum mehr entkommen wird. Um Walter abzulenken, ruft er „zur Sache“ (V. 1500), womit er nicht den Prozess meint, sondern das Trinken von Wein. Seine Bemerkung „Nun denn, zum Schluss jetzt, wenn’s gefällig ist“ (V. 1557) lässt sich auch als Eingeständnis verstehen, dass er entlarvt zu sein glaubt.

Beziehung Adams und Walters zueinander

Aus den obigen Untersuchungen zur Strategie Walters und dem Verhalten Adams lassen sich bereits wesentliche Rückschlüsse auf die sich verändernde Beziehung zwischen den beiden Figuren ziehen. Aus dem Beobachter, der Walter zu Beginn seines Besuchs vorgibt zu sein (vgl. V. 302), ist ein Ermittler geworden, der sich auf der Jagd nach dem Täter befindet. Walter glaubt zu diesem Zeitpunkt, Adam durchschaut zu haben, und er scheint eine gewisse Freude daran zu haben, wie seine Beute sich versucht aus der Affäre zu ziehen. Allzu siegesgewiss lässt er sich auf Adams im Grunde plumpen Versuch ein, ihn mit reichlich Wein betrunken zu machen. Adam hingegen sieht sich zunehmend in die Enge getrieben. Ihm bleibt im Grunde genommen nur noch die Hoffnung, dass keine Beweise für seine Täterschaft gefunden werden. Er versucht daher, weiterhin auf Zeit zu spielen.

Gegen Ende des Auftritts schlägt die Beziehung wieder um. Die aufgefundenen Indizien für Adams Unschuld beruhigen Walter, doch nicht den Täter vor sich zu haben, worüber er sichtlich erfreut ist, sodass er nun seinerseits zum ersten Mal nach mehr Wein verlangt (vgl. V. 1595). Aus dem Ermittler Walter wird wieder der Revisor, der zwar nach wie vor

Zweifel an der Kompetenz Adams haben muss, aber zumindest beruhigt ist, dass dieser sich nicht ungebührlich verhalten hat.

Interpretation mit Bezug auf die sogenannte Kant-Krise

Es zeigt sich an dieser Stelle, dass alle am Prozess Beteiligten an der Erkenntnis der Wahrheit in diesem scheinbar simplen Fall scheitern. Dies lässt sich mit der sogenannten Kant-Krise in Verbindung bringen, in die Kleist 1801 geriet, also ein Jahr bevor er mit der Arbeit an dem Lustspiel „Der zerbrochne Krug" begann. Kleist beschäftigte sich in dieser Zeit intensiv mit philosophischen Schriften, besonders mit denen Immanuel Kants, dessen Schriften er entnahm, dass es keine objektive Wahrheit gebe bzw. dass es dem Menschen unmöglich sei, die Wirklichkeit objektiv zu erkennen. Kleist verwendet in einem Brief dazu das Bild von den Menschen, die, wenn sie alle statt der Augen grüne Gläser trügen, nicht wissen könnten, ob die Welt wirklich grün sei oder nicht. Dies überträgt Kleist auf den menschlichen Verstand. Ein ähnliches Phänomen zeigen auch die Figuren im Drama. Während die Leser/-innen bzw. Zuschauer/-innen längst Adam als Täter enttarnt haben, tappen die Figuren im Dunkeln, obwohl die Wahrheit anhand der Indizien doch direkt vor ihren Augen liegt. Ähnlich wie die Menschen in Kleists Brief tragen die Dorfbewohnerinnen und -bewohner die Brille ihrer Einstellungen, die sie daran hindert, die direkt vor ihnen liegende Wahrheit zu erkennen. Im Falle Ruprechts ist dies sein mangelndes Vertrauen in Eve und sein Argwohn gegenüber Lebrecht. Im Falle Marthes spielt ihr blindes Vertrauen in die Obrigkeit eine entscheidende Rolle, das auch bei den anderen Prozessbeteiligten so ausgeprägt ist, dass alle im elften Auftritt eher an den leibhaftigen Teufel als Täter glauben, als Adam in Betracht zu ziehen. Walter ist als aufgeklärter Vertreter der Obrigkeit von solchen Vorurteilen natürlich frei, doch hilft ihm sein analytischer Verstand an dieser Stelle auch nicht weiter, denn obwohl er streng nach juristischen Kriterien vorgeht und aus den Indizien die richtigen Schlussfolgerungen zieht, scheitert er am Erkennen der Wahrheit, weil Adam in seine Lügengeschichten sehr geschickt wahre Elemente einbaut. So erweist sich die Schilderung vom kranken Perlhuhn als wahr, sodass in Walters Augen offensichtlich das Motiv fehlt, da er der arglosen Marthe vertraut. Auch die Mittel des Verstandes reichen an dieser Stelle nicht aus, den Fall aufzuklären.

5. Schluss Dramentheoretisch erfüllt der zehnte Auftritt die Funktion des retardierenden Moments und verzögert die Entlarvung Adams noch einmal. Für diesen deutet sich sogar noch die Möglichkeit an, seiner Strafe zu entkommen. Zugleich nimmt der zehnte Auftritt aber auch eine zentrale Stellung in Bezug auf die Intention des Dramas im Bereich der Erkenntniskritik ein, die in weiteren Stellen, insbesondere jedoch im „Varianten“ noch vertieft wird, da das Drama in vielerlei Hinsicht mit ungelösten Fragen endet, insbesondere, was die Glaubwürdigkeit der Staatsmacht und das zerstörte Vertrauen angeht. Ebenso erscheint die hier aufscheinende Problematik gerade im Zeitalter von Deep Fakes und Meinungsmanipulation aktueller denn je.

Der Blick auf die Prüfung: Themenfelder

Dieses Kapitel dient zur unmittelbaren Vorbereitung auf die Prüfung: Schulaufgabe bzw. Klausur oder schriftliche bzw. mündliche Abiturprüfung. Die wichtigsten Themenfelder werden in einer übersichtlichen grafischen Form dargeboten. Außerdem verweist eine kommentierte Liste mit Internetadressen (S. 175) auf mögliche Quellen für Zusatzinformationen im Netz.

Die schematischen Übersichten können dazu genutzt werden,

- die wesentlichen Deutungsaspekte des Dramas kurz vor der Prüfungssituation im Überblick zu wiederholen,
- die Kerngedanken des Dramas nochmals selbstständig zu durchdenken und
- mögliche Verständnislücken nachzuarbeiten.

Zum Verständnis der Schemata ist die Kenntnis der vorangegangenen Kapitel unerlässlich. Die folgende Schwerpunktsetzung beruht auf Erfahrungen aus jahrelanger Prüfungspraxis. Die Übersicht V (Vergleichsmöglichkeiten mit anderen literarischen Werken, S. 174) soll als Anregung dienen, um den eigenen Lektürekanon auf möglicherweise interessante Vergleichspunkte hin abzuklopfen.

Übersicht I: Der Aufbau des Lustspiels „Der zerbrochne Krug“

1. Auftritt
- Vorstellung der Figuren
- Andeutungen Lichts wegen der Wunden Adams
- Ankündigung des Besuchs Walters

2. bis 5. Auftritt
- eilige Vorbereitung der Revision
- Vorahnung Adams
- Ankunft Walters
- Notwendigkeit, den Prozess ohne Perücke zu beginnen

6. bis 8. Auftritt
- Auftreten der Klägerin
- Beginn des Prozesses und Aussagen der Klägerin und des Beklagten
- zunehmender Verdacht Walters, dass Adam der Täter sein könnte

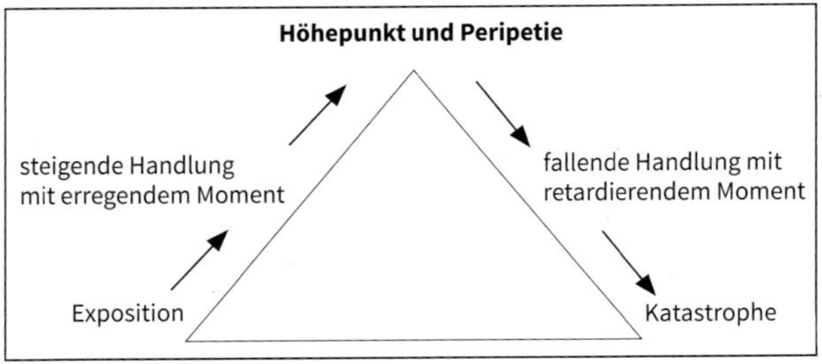

9. und 10. Auftritt
- Aussage Eves
- Verdachtsmomente gegen Ruprecht und Eve
- Beibringung einer neuen Zeugin (Frau Brigitte)
- scheinbare Entlastung Adams in der Prozesspause

11. bis 13. Auftritt (inkl. Variant)
- Fund einer Perücke bei den Rulls
- Aussage Frau Brigittes, die den Teufel verdächtigt
- Entlarvung Adams durch Licht
- Versöhnung Ruprechts mit Eve, Beförderung Lichts zum Dorfrichter und Befehl, den fliehenden Adam zurückzuholen

Übersicht II: Dramentheoretische Aspekte

Vorbilder/Anregungen
- analytisches Drama nach dem Vorbild von Sophokles' „König Ödipus“
- Adam als sympathischer Schurke, ähnlich der Figur des „Falstaff“ bei Shakespeare
- kunstgeschichtliches Motiv des zerbrochenen Kruges als Symbol für die Entjungferung eines Mädchens
- Kupferstich als Anregung zu einem literarischen Wettbewerb
- biblische Geschichte vom Sündenfall Adams

aristotelisches Drama
- drei Einheiten (ein Ort, Spielzeit und Handlungszeit deckungsgleich, eine Handlung)
- insgesamt tektonischer Aufbau (Exposition, steigende Handlung, Höhepunkt, retardierendes Moment, Lösung)
- Ständeklausel (untere soziale Schichten)

Bruch mit Konventionen
- Unterteilung in dreizehn Auftritte ohne Akte
- Verwendung des gehobenen Blankverses in einer Komödie
- derbe, stellenweise zotige Sprache im Kontrast zur Form
- Zerbrechen der Versstruktur als Ausdruck der Sprachkrise
- ernste Thematik (Erpressung, Amtsmissbrauch, Vertrauenskrise)
- keine rasche Lösung, sondern lange Erklärungen im „Varianten“
- in Teilen offenes Ende (Möglichkeit einer Rückkehr Adams, Vertrauenswürdigkeit der Regierung, Versöhnung Eves und Ruprechts)

Lustspiel
- Adam als komische und schlagfertige Figur
- Wortwitz und (teilweise, derbe) Anspielungen
- Missverständnisse und turbulente Handlung
- Gegensatz zwischen Schein und Sein
- Lachen über Unfähigkeit der Figuren, die Wahrheit zu erkennen
- Lösung am Ende (außer für Adam)

Übersicht III: Gesellschaftskritische Aspekte

„Der zerbrochne Krug“ als Kritik an …

dem korrupten Justizsystem:

- Richter Adam als inkompetenter und bestechlicher Vertreter der Feudaljustiz (Lücken im Fachwissen, chaotische Verwaltung, Prinzip des „Eine Hand wäscht die andere“, skandalöse Führung des Prozesses ohne Konsequenzen bis zum Ende)
- Licht als beflissener Karrierist (Aufklärung des Prozesses als Mittel, die eigene Karriere voranzutreiben, Verstrickung in Korruption)
- Walter als unpersönlicher Rechtsverwalter ohne Menschlichkeit (Beharren auf weiterer Prozessführung durch Adam, striktes Festhalten an Vorschriften)

dem Staat und dessen Ansprüchen:

- drohende Verschleppung von Rekruten nach Batavia
- starres Festhalten an Vorschriften
- Machtgefälle zwischen Verwaltung und Bürgern/Bürgerinnen
- Undurchsichtigkeit von Entscheidungen
- soziale Probleme, aber keine Hilfe durch Staat
- Ausnutzung der Bürger/Bürgerinnen für die Interessen weniger (Krieg in Batavia für die Gewinne der Kaufleute)

gesellschaftlichen Moralvorstellungen:

- angebliche Verführbarkeit junger Frauen
- Anschein von Anstand und Ehre wichtiger als Wahrheit
- Verbindung von Stand und Vertrauenswürdigkeit

dem fehlenden gegenseitigen Vertrauen:

- Misstrauen und Voreingenommenheit
- Beschimpfungen und gegenseitige Drohungen
- fehlende Kommunikationsfähigkeit

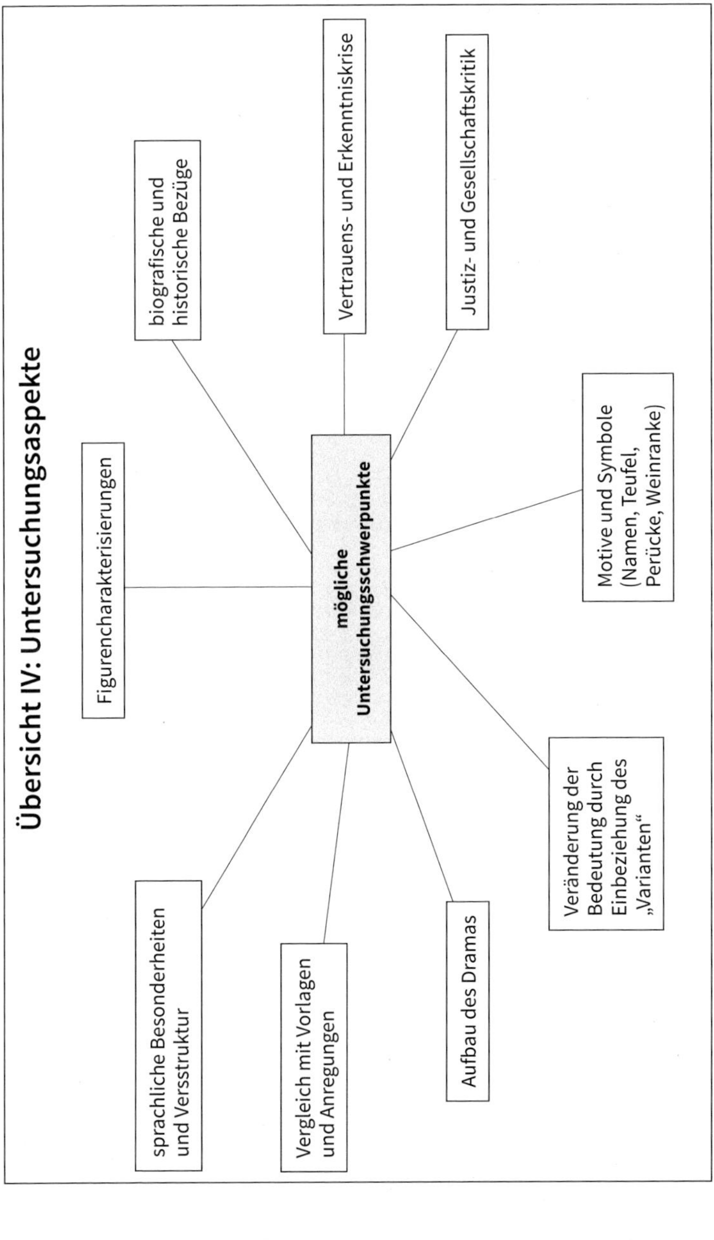
Übersicht IV: Untersuchungsaspekte
mögliche Untersuchungsschwerpunkte
Figurencharakterisierungen
biografische und historische Bezüge
Vertrauens- und Erkenntniskrise
Justiz- und Gesellschaftskritik
Motive und Symbole (Namen, Teufel, Perücke, Weinranke)
Veränderung der Bedeutung durch Einbeziehung des „Varianten“
Aufbau des Dramas
Vergleich mit Vorlagen und Anregungen
sprachliche Besonderheiten und Versstruktur

Übersicht V: Vergleichsmöglichkeiten mit anderen literarischen Werken

„Der zerbrochne Krug“

Vergleich mit anderen Werken Kleists, z. B.

Erzählungen und andere Prosa

- „Die Marquise von O…“ (Ehre und Moral, Erkennbarkeit von Wahrheit)
- „Die Verlobung in St. Domingo“ (Vertrauen)
- „Michael Kohlhaas“ (Gerechtigkeit)
- „Über das Dramen Marionettentheater“ (Subjektivität, Vernunft)

Dramen

- „Prinz Friedrich von Homburg“ (Gesellschaft, Justiz)
- „Amphitryon“ (Wahrheit, Erkenntniskrise)
- „Das Käthchen von Heilbronn“

Motive

- Verführung, z. B. mit J. W. v. Goethes „Faust“, G. Büchners „Woyzeck“
- gestörte Kommunikation, z. B. mit M. Frischs „Homo faber“, H. von Hofmannsthals „Ein Brief“
- gesellschaftliche Konventionen, z. B. mit T. Fontanes „Effi Briest“, G. G. Marquez’ „Chronik eines angekündigten Todes“
- Justiz, z. B. mit Sophokles’ „Antigone“, F. Dürrenmatts „Der Richter und sein Henker“

Kleists Dramenkonzeption im Vergleich

- zu einem klassischen Drama, z. B. G. E. Lessings „Emilia Galotti“, F. Schillers „Maria Stuart“
- zu einem Drama der offenen Form, z. B. G. Büchners „Woyzeck“
- zu anderen analytischen Dramen, z. B. Sophokles’ „König Ödipus“, G. E. Lessings „Nathan der Weise“, F. Dürrenmatts „Der Besuch der alten Dame“

Figuren

- Adam als sympathischer Schurke, z. B. mit Shakespeares „Heinrich IV“ bzw. „Die lustigen Weiber von Windsor“
- Licht als Aufklärer oder Intrigant, z. B. mit Rat Rota in G. E. Lessings „Emilia Galotti“, mit Nathan in G. E. Lessings „Nathan der Weise“, mit Wurm in F. Schillers „Kabale und Liebe“
- Walter als Vertreter der Obrigkeit mit Saladin in G. E. Lessings „Nathan der Weise“, mit dem sehr alten Kardinal in B. Brechts „Leben des
- Galilei“
- Eve, z. B. mit Nora in H. Ibsens „Nora (Ein Puppenheim)“, mit Gretchen in J. W. v. Goethes „Faust“

Internetadressen

Unter diesen Internetadressen kann man sich zusätzlich informieren:

https://kleist-digital.de
(textkritische Edition sämtlicher Werke Kleists inkl. Abbildungen der Handschriften)

www.kleist-museum.de
(Internetauftritt des Kleist-Museums in Frankfurt/Oder)

https://heinrich-von-kleist-gesellschaft.de
(Internetauftritt und Möglichkeit des Downloads des Kleistjahrbuchs inkl. Archiv)

Hörspiele und Verfilmungen
www.youtube.com/watch?v=IC_YuGPi364

(Der zerbrochene [sic!] Krug. Von und mit Emil Jannings (1937; beschnittene Version)

www.youtube.com/watch?v=tvL_Sa50w5g
(Heinrich von Kleist: Der zerbrochne Krug. Fernsehfilm von Dieter Dorn und Gernot Roll nach einer Gemeinschaftsproduktion der Münchner Kammerspiele und der Salzburger Festspiele (BR 1990), Inszenierung inklusive Variant)

www.youtube.com/watch?v=fw_DVf5293U&list=OLAK5uy_nt27-r3t2qm-LeQayFxU5Yjgl4OohvNTg&index=3
(Hörspiel inkl. Variant)

www.youtube.com/watch?v=_zV2fDEGlMA
(gekürzte Hörspielfassung von 1951)

[Stand: 19.08.2024]

Literatur

Textausgabe

Heinrich von Kleist: Der zerbrochne Krug. Herausgegeben von Johannes Diekhans und Lukas Diekhans. Erarbeitet von Gerhard Friedl. Braunschweig: Westermann 2023.

Primärliteratur (Werke von H. von Kleist)

Heinrich von Kleist: Sämtliche Werke und Briefe. Hrsg. von Helmut Sembdner. Zweibändige Ausgabe in einem Band. München: dtv 2001.

Heinrich von Kleist: Sämtliche Werke und Briefe in vier Bänden. Hrsg. von Ilse M. Barth, Hinrich C. Seeba, Klaus Müller-Salget und Stefan Ormanns. Frankfurt 1986 – 1997.

Sekundärliteratur (Publikationen über das Werk Kleists und seine Person)

Arntzen, Helmut: Die ernste Komödie. Das deutsche Lustspiel von Lessing bis Kleist. München 1968.

Blamberger, Günter: Heinrich von Kleist. Biographie. Frankfurt 2011.

Breuer, Ingo (Hrsg.): Kleist-Handbuch. Leben – Werk – Wirkung. Sonderausgabe. Stuttgart 2013.

Hamacher, Bernd: Heinrich von Kleist – Der zerbrochne Krug. Erläuterungen und Dokumente. Stuttgart 2010.

Hohoff, Curt: Heinrich von Kleist. Hamburg 1958.

Jürgens, Dirk: Heinrich von Kleist – Der zerbrochne Krug. 3. Aufl. Hollfeld 2015.

Kraft, Herbert: Kleist – Leben und Werk. Münster 2007.

Kremer, Detlef: Romantik. 4. Aufl. Stuttgart 2015.

Pelster, Theodor: Heinrich von Kleist – Der zerbrochne Krug. Lektüreschlüssel XL für Schülerinnen und Schüler. Stuttgart 2020.

Rumpf, Michael: Heinrich von Kleist – Der zerbrochne Krug. Stuttgart 1996.
Schulz, Gerhard: Kleist. Eine Biographie. München 2011.
Sowinski, Bernd: Heinrich von Kleist: Der zerbrochene (sic!) Krug. München 1994.
Wellbery, David: Der zerbrochne Krug. Das Spiel der Geschlechterdifferenz. In: Walter Hinderer (Hrsg.): Kleists Dramen. Interpretationen. Stuttgart 1997, S. 11 – 32.
Wichmann, Thomas: Heinrich von Kleist. Stuttgart 1988.